别让敏感害了你

RANG MINGAN HAILENI

一个敏感的人，大多数时间都不幸福

因为太过在乎

黄志坚◎著

时代出版传媒股份有限公司
北京时代华文书局

图书在版编目（CIP）数据

别让敏感害了你 / 黄志坚著 . — 北京 : 北京时代
华文书局 , 2015.4
ISBN 978-7-5699-0220-4

Ⅰ . ①别… Ⅱ . ①黄… Ⅲ . ①情绪－自我控制－通俗
读物 Ⅳ . ① B842.6-49

中国版本图书馆 CIP 数据核字 (2015) 第 068328 号

别让敏感害了你

著　　者 | 黄志坚

出 版 人 | 田海明　朱智润
责任编辑 | 林少波
装帧设计 | 林自伟
责任印制 | 訾　敬

出版发行 | 时代出版传媒股份有限公司 http://www.press-mart.com
北京时代华文书局 http://www.bjsdsj.com.cn
北京市东城区安定门外大街 136 号皇城国际大厦 A 座 8 楼
邮编：100011　电话：010 - 64267955　64267677
印　　刷 | 北京建泰印刷有限公司　010 - 89580799
（如发现印装质量问题，请与印刷厂联系调换）
开　　本 | 710×1000mm　1/16
印　　张 | 14. 5
字　　数 | 197 千字
版　　次 | 2015 年 6 月第 1 版　　2015 年 6 月第 1 次印刷
书　　号 | ISBN 978-7-5699-0220-4
定　　价 | 35. 00 元

前言
PREFACE

关于敏感与幸福，有这样一句概括的话：“太敏感的人注定不幸福，因为想得太复杂。”其言不误，把别人一句简单的话想得太复杂了、把一个简单的玩笑想得太复杂了、把别人的一个小小的举动想得太复杂了，因为想得太复杂，所以过得很累，所以才不幸福。

诚然，有的时候，敏感是一种“良性特质”。比如说某个人敏锐地察觉到了商机，某个人敏感地发现事情存在着某些蹊跷。敏感是一种性格特质，但它也如药物一般，不能过量，因为过量的敏感带来的是一种心灵负累。

敏感不是一种病，但太敏感则是一种病。想东想西、想七想八，最后让自己不堪其累。比如，对方一扬眉，你就觉得对方看不起你；对方一撇嘴，你就觉得对方心存厌恶；他人在说悄悄话，你便怀疑是在说你的坏话。总之，对别人的举动观察得细致入微，并且吹毛求疵，就如同“杯弓蛇影”中的那个人一样。

过于敏感的人，精神往往会处于高度紧张的状态，凭自己的主观想象和好恶去理解周遭的一切，把人际交往中的正常情况都复杂化了，并将其扭曲为一种“伤害”和“敌情”。就像是带着一台“显微镜”去看世界一样，把原本很纯粹的物体看成了细菌和颗粒的组合体。在这个过程中，人的幸福感也会一点点地流失。殊不知，在很多时候，别人没有你想象的那么复杂。

有这样一位来自中国的年轻人，他在1985年进入美国新泽西理工学院攻读硕士，在读了一段时间书之后，他在学校的公告栏上看到一则招聘信息，学校的一位著名教授要招一名助教。年轻人非常兴奋，因为在当时，成为教授的助教不仅能够带来一定的收入，还有机会接触到最先进的科技咨询。年轻人决定报名应聘这个岗位。

报名的学生有很多，来自各个国家，教授经过了一番精挑细选之后，列出了一个30人的大名单。这个年轻人很幸运地位列其中，与他一同进入这个大名单的还有几位同样来自中国的留学生。

为了在正式考试选拔前能做足准备，年轻人和其他上了名单的人都主动去了解教授的背景。就在这个过程中，几位中国留学生发现了一个很严重的问题——这位教授参加过朝鲜战争，并且被中国人俘虏过。

得知此情况后，几位中国留学生都失望了，他们认为教授当过中国人的阶下囚，一定非常憎恨中国人，作为中国来的留学生，肯定没戏，说不定还会被他羞辱一番。

只有这位年轻人认为，这是一场靠能力和本事的考试，何必想太多。于是，他没有放弃，而是如期参加了选拔考试。在他眼里，教授就是教授，跟中国俘虏这样的词没有什么关系。

最后考试结果出来了，这位年轻人从这场残酷的竞争中脱颖而出。他自己都没有想到会成为那个幸运儿。

后来，教授问年轻人："小伙子，你知道我曾经参加过朝鲜战争，还做过中国俘虏的事儿吗?"

年轻人如实回答："知道。"

教授笑着说："那你真的是有勇气，听说与你一起来报名的那几位中国留学生知道我的过去就知难而退了，只有你还敢坚持下去，你不怕白费工夫吗?”

年轻人笑着说:“教授,我没有想那么多,在我眼里,您是一名教授,工作是教书育人,而我是一名学生,工作是从老师那里学到更多的东西,我们之间并不存在什么矛盾。”

教授听完也笑了起来,他缓缓地说道:“我就欣赏你这种把复杂问题简单化的能力,没错,我是一名教授,我需要的是助教,不是外交官,你的国籍不会影响我对你能力的看法。小伙子,加油吧,我相信你能做好这份工作!”

这位年轻人在助教的岗位上的确学到了很多技术知识,七年后,他利用所学知识,成功创办了UT斯达康公司,并让公司在2000年于美国成功上市,他就是被美国《商业周刊》评为亚洲50位商业明星之一的吴鹰。

如果吴鹰与另外几位中国留学生一样,对教授的背景顾虑重重,那么,他可能永远也不会有以后的辉煌成就。

没错,一个敏感的人会把简单的事情想得更复杂。公司老总一句简单的鼓励:“公司最近不景气啊,要努力啊!”在某些敏感的人听来,就像是一种“批评”的信号。他们会怀疑,为什么老总只对我一个人说这样的话,为什么只要我一个人努力?是不是我做得不够好?是不是我得罪谁了,老总收到了小报告?

种种猜想,最终会让他忧心忡忡,度日如年。在这种精神压力下,他怎能享受工作带给他的幸福感?

因此,做人何必太敏感?不是所有的事情都如我们想象的那般复杂,也不是所有的人都会去针对你。我们本不完美,也无法苛求世界的完美。把心中那些过多的想法当成是一种情绪垃圾,将“垃圾”藏在心中是一种自我伤害,倒不如果断地放下它们,简单一些、纯粹一些,或许,我们能够从中收获更多的幸福!

目录
CONTENTS

第一章
敏感，往往是不幸的开始

对疼痛敏感的人，针扎一下就会痛哭流涕，这是正常的无法控制的生理反应，尚且情有可原。而内心敏感则是一种主观心理，一个太过敏感的人无法获得最纯粹的快乐，每天都活在自己的想象中，对外界的人和事都“草木皆兵”，长此以往，就会被敏感困住手脚，自然而然地，成为一个人诸多不幸的开始。

第二章
敏感，其实就是和自己过不去

人们常说，最大的敌人不是别人，而是自己。这话不无道理，一个性格敏感的人，终其一生不都是在和自己过不去吗？敏感的人，不但对身边的人苛刻，对自己更是时常“下狠手”，殊不知，结果总是适得其反，不尽如人意。既然敏感于人于己百害而无一利，那我们何不轻松一点，豁达一点呢？

第三章
敏感，能让一个人沦为情绪的奴隶

过分敏感的人，遇到一丁点不顺心的事儿，就能在内心酝酿出情绪风暴，心中会出现恶、恨、嫉妒等一系列的负面情绪。久而久之，就会陷入这些情绪中无法自拔，最终使自己沦为情绪的奴隶，其精神面貌和健康状况也会受此影响而变得更加糟糕。但人才是自我情绪的主人，因此，我们有能力将“敏感心疾”从内心驱逐出去，成为一个能够掌控自我情绪的强者！

第四章
你没那么多观众，干吗活得那么累

人生不是一场表演秀，很多时候，表演者和观众同为一人——也就是我们自己。有人说，敏感的人无法获得想要的幸福，因为太在乎。太在乎别人的看法，所以没有了自己的想法，太在乎自己的感受，于是又忘了别人的感受。生活不是拍电影，我们也不是主角，何必将自己置于千万人的眼光之下。其实，只要尝试着放低自己的位置，卸下脸上伪装的面具，我们就可以活出真实的自我。

第五章
愤怒是魔鬼，一时的敏感冲动可能毁掉的是一生

哲人曾说，一个能控制住不良情绪的人，比一个能拿下一座城池的人强大。愤怒是七宗罪之一，假使我们没有管理情绪的能力，不但会给别人带来巨大的伤害，也会让自己心情糟糕，甚至抑郁不振。其实，我们何不看开一点，这个世界上有太多我们无法改变的现状，何必争一时之气。只有心宽，天地才能宽，只有放下，人生才能圆满，敏感者谨记，谨记！

第六章
别让敏感牵着鼻子走，“钝感”的人最好命

生锈的刀剑不伤人。其实，“钝感”的人就好比生锈的刀剑，在与人打交道的时候，言行举止温润如玉，令人如沐春风。不仅如此，“钝感”的人还不容易受内伤，其内心从不被负能量包裹缠绕。由此可见，做人不能太敏感，“钝感”的人最有福。

第七章
人生本很苦，敏感只会让你更加苦

佛教常把人的一生比作“苦海”，我们唯有苦中作乐，才能给自己的生活增添些许色彩。如果执意选择敏感度日，那只会让我们的生命变得更加痛苦，看到别人的富贵，就往自己的心上撒盐；看到别人的幸福，就往自己的身上浇油。这又何必呢？攀比不能改变什么，只能带来更多的负累。对于我们来说，痛苦过是一天，快乐过也是一天，那么何不选择快乐地生活呢？

第八章
别让“敏感”成为社交的障碍

生活中，敏感常常是逞强的代名词，凡事喜欢争强好胜、不甘吃亏的人，总能把身边的人一个个逼走，最后沦为“孤家寡人”。对于人际交往来说，敏感无疑是最大的障碍之一，为了能顺利俘获人心，我们就要时刻肩负起扫除内心敏感的重任，多站在别人的角度想问题，别人的心自然而然会站到我们这边来。

第九章
无视无关痛痒的小事，才能专注心力成就大事

人生就好像在建筑一座大厦，当一个人到了一定年纪的时候，就会发现自己的这座大厦只是硬件非常好，而内在却存在许多小问题，比如说水管失修，墙皮脱落等。但这些小问题又不值得把整座大厦拆掉，人生中如果花费太多时间和精力在一些无关痛痒的小事上，一个人又怎么能成就一番大事业呢？人的精力和时间都是有限的，别在鸡毛蒜皮的小事上花费太多时间，最后丢了西瓜拣芝麻。成大事者别太敏感，越敏感越容易失去。

第十章
生活不必太计较，人生何必太强求

郑板桥有一句名言叫“难得糊涂”，它告诉我们一个简单的道理，太过较真的人，迟早要碰一鼻子灰。生活就是如此，我们不能左右天气，但我们能左右自己的心情，不管遇到什么困难，心转即能逢春，凡事不斤斤计较、任性强扭，我们自然会拥有稳稳的幸福。

第一章

DI YI ZHANG

敏感，往往是不幸的开始

对疼痛敏感的人，针扎一下就会痛哭流涕，这是正常的无法控制的生理反应，尚且情有可原。而内心敏感则是一种主观心理，一个太过敏感的人无法获得最纯粹的快乐，每天都活在自己的想象中，对外界的人和事都“草木皆兵”，长此以往，就会被敏感困住手脚，自然而然地，成为一个人诸多不幸的开始。

从手机幻听开始谈“敏感”

你是否有过这样的感觉：把手机放进口袋里或者包里，没过一会儿，就好像听到了手机铃声，将手机掏出来后却发现没有任何的电话或信息。再次将手机放进去，要不了多久，铃声好像再次出现，掏出手机却依然发现手机屏幕上没有任何的提示。

这种行为被称为“手机幻听”，明明没有电话，可耳朵里却经常出现自己的手机铃声。与此类似的现象还有 QQ 提示音的幻听症，也就是 QQ 在登录状态时，系统没有显示任何信息，但有的人却总能听到 QQ 聊天的提示音。这一现象在本质上与“手机幻听”是一致的。

“手机幻听”的主要表现形式有以下六种：

1. 担心没听到手机响声，每隔一段短暂的时间就会看一次手机；
2. 手机没有来电，担心手机会响，每半小时看一次手机；
3. 手机没有来电，也没有信息，但却能“听”到手机铃声；
4. 无论手机放在哪里，都能听到它的响声；
5. 手机来电时异常紧张，严重的会出现心跳加速、手心出汗；
6. 换了新的手机铃声，却还能经常“听”到旧的手机铃声。

以上六种情况，假如你具备了其中两项，那么就说明你可能患上了“手机幻听症”。“手机幻听”并不是一种病，而是一种心理现象，一种症状。如果症状轻微，对人的工作和生活可能并不会产生多大的影响，但假如症状很严重，那就会带来诸多危害，如精神高度紧张，影响生活质量，影响睡眠，甚至危害到健康。

在通讯科技高速发展的今天，这种心理症状也变得越来越常见。根据一项调查显示，手机幻听、QQ 幻听困扰着一半以上的职场中人，这样的病人已经占到了心理诊所接诊人数的30%。“手机幻听”作为一种新兴的心理现象，并没有正式被确认为是一种心理疾病，但这种现象的广泛出现仍然引起了全球范围内的关注。

对此，心理学家也对其做出了诱因解释。根据相关的心理学研究，在正常情况下，手机幻听症的诱因主要有以下两个方面：

第一，工作上的巨大压力。对于一些频繁使用通讯工具的职场中人（如销售、咨询等工作）来说，他们的工作往往跟“铃声”直接挂钩，重要铃声一响，他们就必须立即投入到工作当中去。这些人长期处于待机状态，心理压力逐渐变大，可能会形成强烈的心理暗示并导致幻听。

第二，人际关系中的压力。网络上有这样一句很流行的话：“假如你超过3天没有接到任何朋友的电话，那么你就要反思一下自己是不是个讨厌鬼。”这句话很好地解释了幻听症的诱因，在人际交往当中，很多人都想成为万众瞩目的对象。对于一个自认为朋友遍天下的人来说，在很长一段时间内没有人打电话约喝茶、约吃饭甚至是聊聊天都会是一种不正常的现象，久而久之，这种心理压力也会导致“手机幻听症”的发生。

而这两种诱因其实归根结底都是由人的心理特质造成的。也就是说，在相同的状态下，有部分人不会出现手机幻听，而另一部分人却不幸地成为了这种“心理疾病”的“受害者”。这种心理特质也非常常见，它就是——敏感。

敏感是一种心理特质，心理学家给出的解释是这样的：敏感指的是人对一些事或某种东西的感觉特别敏锐，可以很快判断和反应过来，并可以从事物中获得更多的、不易被察觉的甚至是主观的讯息。也就是说，敏感本身并非什么坏事，因为它能够帮助人获得更多的讯息，但太过敏感却是一件非常糟糕的事，因为一个过于敏感的人可能会对一句话、一件事做出过多的主观揣测，得出太过主观甚至是错误的认知。

而上文中所说的“手机幻听”正是由于人对于某种现象的敏感造成的。

工作上的压力来源于人对工作状态的过分苛求，要求自己时时刻刻都投入到工作当中去，创造出更多的价值。我们以一位普通的房产销售员为例，为了能够让自己表现得更加出色，除了上班时间之外，他可能也会选择牺牲自己的休息时间，让自己保持待机状态，一旦有潜在客户打来电话，他们心中的弦立马就会绷紧，而他也可能更喜欢这种“电话源源不断”的状态，因为这能够帮助他拿下更多的业务。相反，如果长时间没有潜在客户给他打电话，他的心理压力反而会越来越大，并出现手机幻听症。

而在人际交往当中同样如此，假如一个人对于自己的人际交往能力过于自信，追求强烈的存在感，那么他就很难忍受长时间无人联系的状态，长期背负这种心理负担，久而久之，离手机幻听症也就越来越近了。

一个人对于自身工作、生活状态的完美追求并没有错，但一个人的工作能力和人际交往能力与手机响铃次数并没有直接的关系。太过敏感的人会把“手机来电”这一简单的现象主观“揣测”为一种能力的象征，于是乎，手机幻听这种现象也就出现了。

凡事需有度，敏感未必是一件坏事，但过度敏感给人带来的却是更多的心理负担和压力。我们每个人都应该做一次自省，在面对某些“轻描淡写”的事情时，我们是否做了太多的主观猜测，是否保持了足够的理性和客观。因为，唯有如此，我们才能够避开“过度敏感”这把“伤人刀”。

敏感的人，喜欢树立“假想敌”

前段时间，微博上出现了一个 ID 为“小婷 562”的热词。网友通过其微博得知，这个 ID 的博主是一位叫黄艳的安徽姑娘，她在网络世界的火爆源于她发的一些微博，在微博中，她每天都会在家中的同一个位置、同一个地方摆拍一张手持刺刀的照片，并配文解释说，有人想闯入到我家中害我。这种怪异的行为引起了网友的极大关注，后来，她被证实患上了比较严重的心理疾病，总觉得有人要害她。幸运的是，通过好心人的帮助，黄艳最终得到了成功的救治。

黄艳患的这种心理疾病被称为“被迫害妄想症”，她生性敏感，除了生活中几个比较亲近的人，她对所有人都充满敌意。

当然，黄艳的症状是非常严重的，也是很少出现的个案。而在现实生活中，喜欢树立“假想敌”的这种心理现象却并不罕见，而导致这种心理现象出现的原因正是“敏感”。

所谓的“假想敌”，其实就是根本不存在的敌人，他们只是内心虚设的对手，也就是由人的主观意志臆想出来的敌人。

在职场中，存在着这样的一类人：他们很优秀，对自己的要求也十分高，而这种高要求让他们非常紧张，一直处在寻找竞争对手、心中充满戒备的状态之中。于是，他们总是自然而然地把周围可能存在的每一位竞争对手当成是“假想中的敌人”。这些人会感觉自己时刻被“敌人”追着跑，心中没有安全感，别人一句无心的话会让他们心中产生巨大的波澜，别人善意的玩笑会被他们解读为“嘲笑”，而对于别人的一些无心之失，他们的反应也会比常人更加剧烈。

而这类人都有一个共同的性格特征——敏感多疑。

其实，身在职场的人都可能遇到过这样的人。这类人的敏感其实就是一种心理防御机制，害怕自己在巨大的竞争中失利，于是把每一个可能存在的竞争对手都当成是敌人，并时刻幻想着如何打败他们。

这种敏感的特质在他们的生活中也能够得到显现。比如，朋友与朋友之间的一些小摩擦，本是正常现象，敏感者会去细细解读，认为这是对他的一种故意冒犯，这样的摩擦多了之后，对方就很可能变成他的假想敌。

在心理学上，这种广树“假想敌”的做法被当成是一种“相对剥夺感”的条件反射。相对剥夺感是指：当人们将自己的处境与某种标准或参照物做比较时，发现自己处于劣势或没有满足预想感觉时而产生的被剥夺感。在工作中，他人比我们要强，我们会产生一种相对剥夺感，如果一个太过敏感的人就可能导致他将更优秀的人当成是“假想敌”。而在生活中，我们与他人的一些摩擦会使人形成一种心理落差，因为没有人愿意自己受人指责或辱骂。这种感觉再加上人的敏感特质，就可能导致他人成为“假想敌”。

长期树立过多的“假想敌”会给人的工作和生活带来巨大的冲击。

首先，这会破坏人与人之间的和谐关系。一个敏感多疑的人会将他人说的一些话、做的事做过多的揣摩和自我解释，而这种主观猜测往往会引导思想走向一个极端，认为对方话中有话或者事中有事，使人丧失对他人的信任。

其次，分散人的精力和专注度。我们需要投入大量的精力去面对工作和生活。敏感多疑而树立很多“假想敌”的人则需要用很大一部分精力和专注度去应付这些他虚设的假想敌。如果内心长期设立“假想敌”，就会消耗心理和生理能量，最终磨灭斗志，阻碍个人发展。长此以往，工作也会变得更加糟糕。

最后，容易导致嫉妒心理的出现。既然把他人当敌人，那么最终目标肯定是想打败对方。有这样想法的人很难接受别人比他更优秀的事实。这种嫉妒心理会导致一个人变得更加刻薄，听不进良性的批评和建议。

其实，这个世界并不存在那么多的敌人，我们也无需对他人的行为或话语做过多的解读。把一句很简单的话当成是一种攻讦，把别人很简单的一个举动当成是一种冒犯，这都只是由于我们在思考中掺杂进去了太多的主观因素，凡事都往最糟糕的方向去想，自然而然地就会得出最糟糕的结论。

人之所以会设立假想敌，其真正原因并不在别人身上，而在于我们内心的不自信，所以，我们真正的敌人是自己。假如你在工作和生活中碰到了“假想敌”，不妨躬身自省，把这当成是给我们自己的一个提醒，提醒我们要善待身边的每一个人，这比把他们当成敌人更有利于自我的成长和进步。

越是内向的人，越“容易敏感”

曾有一篇文章在网上传阅甚广，文章的标题很是吸引人，叫做《内向者与世界相处的十种方式》。其中有一种方式是“他们避开人群”，换句话说，内向者更倾向于一个人独处的生活方式，闲谈群聊和社交活动对他们来说，往往是一种致命的内在能量的消耗。

那这是不是意味着，内向的人，要竭尽全力避免和人打交道呢？其实未必。一个不与他人来往的内向者，在日复一日的自我对话中，将会变得越来越敏感，而过于敏感，又常常是不幸的开始。

多数情况下，越是内向的人，其抗压能力也越差，经不起一丁点儿打击。很多时候，旁人一句无意的话，或是一个无心的表情，都能让内向的人揣摩良久，完全印证了那句古话——言者无心，听者有意。

我们都曾有过孩提时代，不知道内向的人是否还记得，小时候，每当父母要送我们去上学时，我们总是百般抵触，最后在父母的追问下，才不得已说出那句心酸的理由：“我不想去上学，我觉得每个人都不喜欢我。”其实，并非老师和同学讨厌我们，而是我们太过敏感，别人只不过做了一个无意识的动作，我们却急切地对号入座，进而产生一种“被厌恶”的错觉。

随着年龄的增长，我们离群索居，对人际关系的恐惧日渐攀升，生怕自己走错一步路、说错一句话惹得别人不开心。在平时的工作生活中，我们时常将朋友、同事、上司的言行举止和情感流露与我们自身联系起来，从而在内心得出和自己有关的结论，比如，“他说这么一句话，是不是在针对我?”“她这么做，肯定是对我有意见。”久而久之，我们就会陷入一个恶性循环，变得越来越内向，越来越敏感多疑，越来越抑郁寡欢。不仅如此，我们身边的人也会因此备受困扰，说话行事越来越小心翼翼，生怕我们产生误会。

到最后，我们身边的朋友会一个个离我们而去，我们也将变成世界上最大的“孤家寡人”，坐拥一整片寸草不生的落寞荒原。

首先，这直接影响到我们的职场前途。除去少部分不需要与人打交道的职业外，大多数工作总是免不了寻常的人际来往，而内向者在其敏感多疑的性格支配下，往往执着于自己的主观臆测，无法对别人的言行举止进行客观的判断，长此以往，其人际关系必定危机四伏，其职场前途也必定荆棘丛生。

其次，这还影响到我们的身心健康。心理学家 Elaine Aron 的研究表明，内向者的耳朵会对噪声敏感，眼睛会对光线敏感，舌头会对味道敏感，其情绪更是容易起伏波动。也就是说，内向者只要受到一点点刺激，敏感的他们就会变得紧张、焦虑和闷闷不乐。历史上曾有伍子胥过韶关，一夜急白头的故事，听起来虽然有些夸张，但也不失为一个绝佳的例子。

曹雪芹的《红楼梦》曾将林黛玉塑造为一个敏感多情的美人儿，可她最终的命运又何其悲惨，在世时就拖着一副抑郁寡欢的羸弱娇躯，临死前的一句：“宝玉，我恨……”更是道尽了所有内向者内心的无尽悲凉。反观豁达迟钝的薛宝钗，她就没有林黛玉那样的细腻心肠，虽然她也不是一个特别活泼外向的人，但她不像林黛玉那样内向敏感，爱使小性子，爱钻牛角尖，上至贾府的最高首脑史太君，下至贾府的众多奴才，哪一个不是打心眼儿里喜欢她、亲近她、佩服她？

印象深刻的是，有一次，病中的林黛玉听到外面有一个人嚷道：“你这不成人的小蹄子！你是个什么东西，来这园子里头混搅。”其实，人家老婆子不过是在骂自己的外孙女，可敏感的林黛玉却疑心对方是在指桑骂槐，怪她不该住在这里，于是伤心得哭晕过去，又添一重心病。

也正是因为林黛玉内向敏感的性格，史太君才会不愿意将她许给宝玉做媳妇，在史太君的眼里，一个太过心细的人，身子也往往不大结实，谁又希望自己的宝贝孙子娶一个寿短福薄的姑娘呢？哪怕这个姑娘还是自己的亲外孙女儿。

“一个人的性格决定他的机遇。如果你喜欢保持你的性格，那么，你就无权拒绝你的机遇。”如果我们不想因敏感的性格遭遇各种不幸，那我们就必须从法国思想家罗曼·罗兰的这句经典名言中汲取养分，不再让自己堕入内向的深渊。

当我们察觉到内向让我们变得越来越敏感，而敏感又给我们的工作和生活带来诸多不便时，或许我们可以尝试采取以下几点小建议让自己“破茧重生”。

1. 走出封闭的世界，常和支持你、赞美你、喜爱你的人接触，一起聊天玩乐，分享彼此有趣的见闻。

2. 少讨伐自己，多发现自己的优点，时常用心理暗示的方法给自己加油打气，例如，“我表现得非常好”“每个人都很喜欢我”等。

3. 学会管理负面情绪，懂得借用娱乐手段放松心情，如唱歌、跳舞、打游戏、运动等。

既然敏感是内向的代言词，而敏感又会让我们变得很不幸，那对症下药，从内向的死胡同里跳出来就显得迫在眉睫了。相信只要我们加倍努力，心中一切关于社交的恐惧将不复存在，我们的心态会日趋平和达观，我们的工作和生活也将永远脱离敏感笼罩下的阴影地带。

与其说是太敏感，不如说是不自信

在生活中有这样的一群人，他们十分在意自己的穿着打扮、一言一行、一举一动，处处小心翼翼。因为他们担心自己会成为众人注意的焦点、谈论的中心。这类人总是有意无意地幻想，总觉得有人在时时刻刻地批评他、对他评头论足、对他吹毛求疵，这些都称之为敏感。敏感的人易缺乏安全感和不自信。

所谓“不自信”就是不相信自己，害怕自己做事情做不好，很忧心，然后可能导致本来是可以做好的事情，却发挥失常，真的做不好了。又或者，见别人有许多长处，是自己没有的或者比不上的，就总是因此忧虑，情绪低落，成天想着，这种不自信的心理会慢慢转化为自卑，严重的话，会因此患上心理疾病。

洋洋从小就是品学兼优的好学生，每个学期都拿奖学金，她是大家眼中的“老好人”，表面上看她似乎过得很好，可是在私下里她却跟朋友说：“其实我不是脾气好，我之所以对大家都好，是因为我自卑，害怕得罪了别人。”朋友很好奇地问：“你品学兼优还有什么可自卑的呢?”她却笑笑说：“你知道吗？我上大学的钱都是我父母在村子里找人借的，在你们都有智能手机、电脑的时候，我只能去网吧和计算机室去查阅资料，你说我能不自卑么？我根本就不能和你们比。”看着她说的时候的那种无奈，朋友知道现在说什么她都听不进去。因为在这种情况下，通常已经走进了一个死胡同里面。只相信自己的判断，不可能为了别人一两句话就动摇。

其实，敏感的主要原因就是不自信。导致一个人不自信的原因多种多样，比如经济条件不如人或者曾遭受打击。一些人从小家境贫寒或者经济条件不如人，常常会在内心深处感到羞耻，觉得别人会嘲笑自己一无所有，于是试图用某些优点来掩饰自己内心的不自信，比如上文中的女大学生洋洋。其实，贫穷或者经济条件不如人又怎么了，穿着和丰富的食物并不能作为一个人高尚的条件，一个人即便是穷光蛋，但是他善良、乐于助人，照样没人看扁他。一个人外在的不足并不可耻，内心的不足才是最丢脸的。

另外一种就是童年时期受到过打击，从而变得不自信的人。俗话说“一朝被蛇咬，十年怕井绳”，由于小时候受到过伤害，这种人遇到事情的时候，就会有一个声音在告诉自己：“不行的，你不行的，放弃吧！”沛沛因为小时候在游泳的时候溺水差点死亡，导致现在她只要靠近水就会害怕，有一次，朋友们一起去游泳的时候，一个不知道情况的人把沛沛推下水，差点酿成大错。当你对一件事情产生恐惧心理的时候，就会变得不自信，从而否定自己。在还没开始就已经打退堂鼓的人，试问又怎么会自信呢？

不自信的人总是盯着别人的优点，却用自己的缺点和别人的优点来做比较，往往遭受打击。一个跳舞跳得好的人跑步一定很快吗？一个写毛笔字好的人唱歌一定很好听吗？

其实适当的敏感是好事，但是过度的敏感就会让我们的身心不健康。不自信的人，只有失去。

美国杰克·霍吉曾说过：“思想决定行为，行为养成习惯，习惯形成性格，性格决定命运。”如果一个人不自信，那么他就不会快乐，因为他看到的都是自己没拥有的。

如果一个人走进了不自信的误区，我们应该怎样做呢？

首先，调整自己的心态。心态决定一切，每天早上醒来的第一件事情就是对着镜子说30遍加油，多对自己说鼓励的话语，而不是急于否定自己。

其次，尝试着做以前没有做过的事情，走出自己的小圈子，融入到人的交往中去，事情不论大小，改变就好。比如：去上班的时候走一条自己一直没有走过的道路。

再次，要活在自己的心里，而不是活在别人的眼里。我们不是人民币，不可能谁都喜欢，不需要为了别人而去改变自己，只需要为了自己想成为的那种人而去努力，去做自己想做的事情，不要觉得不好意思、放不开……要想改变，就得付诸行动，否则一切空谈。

最后，要学会接受自己的不完美。金无足赤，人无完人，人不可能没有缺点，学会包容自己的不完美是一个成熟的人的表现。

敏感的人注定是一个苦恼的完美主义者

美国《循环》杂志刊登荷兰一项涉及6000名心脏病患者的研究发现，情绪消极的完美主义者心脏病危险是乐观者的3倍。弗莱特博士对100名心脏病患者的调查发现，完美主义者不但罹患心脏病风险更大，而且心脏病康复速度更慢。

新西兰奥克兰大学一项涉及620名食物中毒急性发作病人的研究发现，完美主义者更容易发生肠易激综合征。普通人群肠易激发病率为20%，而完美主义者为40.7%。《人格与社会心理学》杂志刊登一项研究发现，完美主义者更容易发生暴饮暴食。这些数据让人触目惊心。敏感的人因为太在意别人的评价，就会要求自己按照别人的想法改变，从而变成一个苦恼的完美主义者。

完美主义被称为心理疾病，因为完美主义者有严重的完美情结。其实完美主义者在生活中并不少见，而导致这类心理疾病的原因就是因为“敏感”。

所谓“完美主义”，指一种不断追求最高要求、追求完美的性格或主义，其往往伴随着自我否定和对他人评价的关注。完美主义有多维度的性格，它有着积极的一面，也有消极的一面。病态的完美主义会使人追求过高且无法实现的目标，并会在他们失败时带来极大的痛苦。而正常的完美主义能带给人们追求目标的动力，同时给他们带来乐趣。

其实在职场中可能遇到这一类人：他们追求完美，而把这种欲望建立在认为事事都不满意、不完美的基础之上，因而他们就陷入了深深的矛盾之中，要知道世上本就无十全十美的东西。

而这类人都有一个共同的性格特点——追求完美。

具有“完美主义”的人总是希望自己和与自己有关的任何事物都尽善尽美。他们对于任何细微的过错和失误都难以容忍，讲究整洁和秩序，不允许丝毫的偏差。可能这些特点成就了他们做事认真可靠、遵时守信的优点，但即便这样，他们也难让世事变完美。因为怀疑自己有强迫人格、强迫倾向而走进心理咨询室的人越来越多，他们中，职场白领占到很大一部分，而且处于管理层的占到相当的比例。来自其他方面的消息也反映出近几年来，咨询完美强迫症方面问题的人数呈现逐年上升的态势，特别是在一些竞争压力大的城市。

完美主义者的最大特点就是内心缺乏安全感。造成有完美主义的倾向有以下几个方面：

第一，是由于家庭的因素。追求完美、过度苛求的父母导致了子女完美主义的产生，研究表明四种教养方式促进儿童早期完美主义的形成：1. 过度指责、过度严格的父母；2. 父母期望与标准极高，间接指责；3. 父母对子女缺乏认同，或者认同不一致、有条件；4. 完美主义的父母成为完美主义态度与行为的示范。

在犹太母亲当中有一句口头禅：“八岁以前的爱因斯坦，是成绩低劣的儿童。”这是因为犹太人的母亲教育子女的方法，是在于看重每个小孩子各有不同的性情，因此对任何孩子都因人而异。甚至犹太人的母亲承认，她们一直都在为自己的孩子找寻与别的孩子有何不同，为发展其优点而煞费苦心。他们知道父母为儿女定下不可能达到的目标，是没有智慧的。

第二，因为现代都市白领工作压力大、竞争激烈，内心难免脆弱急躁，而在经济不景气、收入压力大、岗位淘汰率高的环境下，自制能力差或具有完美主义人格的人，更容易引发过度敏感的心理。

追求完美是一件好事，但是若因此而成为完美主义者，就是一种病态。当我们察觉追求完美让我们越来越敏感的时候，我们不妨采用以下的建议来尝试改变一下：

1. 给自己勇气

其实我们一直都有不畏失败的勇气。当蹒跚学步的时候，便不断地跌倒、哭泣，可是幼小的我们从没坐在地上再也不肯爬起过。只是跌倒爬起，跌倒爬起，直到成功为止。为什么幼时的我们有如此的勇气，但一路走来，却慢慢丢弃？

2. 有选择地追求完美

完美主义者如果容许自己在一两件于他而言比较重要的事情上追求完美，而不是泛泛地对自己所做的每一件事都要求完美，这会大大降低完美主义者的心理负担。例如，一个想在工作中做出完美成绩的人，就不必要求自己在业余活动上也成为高手。

3. 让自己有特长

培养一两个无需追求完美的爱好。对这种爱好抱着游戏的心态，放弃对自己做得“好”还是“坏”的评判，不去担心结果、进度、质量、效果等功利性的东西。“为游戏而游戏”是完美主义者最好的放松。

4. 学会欣赏错误

完美主义者通常把错误都当成不完美而深恶痛绝，却不知道许多错误是可爱的、无害的，甚至是有益的。科学家由于错误的操作发现了新物质，艺术家在错误中发现了新的艺术方向，这样的例子不胜枚举。当错误出现，自责和悔恨是最没有用处的，应该想到，这个错误说不定能把你带到更好的结果上去。

人之所以会追求完美，是因为自己的不自信。凡事需有度，我们应该对自己做一个正确的了解，认识自己，必须清晰地分清这一切。因为再坚韧的毅力，也必须找到一个方向。

敏感，让你与美丽的爱情擦肩而过

有一种爱叫“不敢开口的爱”，这是指一些人由于过度内向，不敢向心仪的人大胆讲出心中的爱，最终可能导致的结果就是二人永远只能维持普通朋友的关系。

内向其实也是一种敏感，但因敏感导致的“擦肩而过”却不只有内向这一个原因。

首先我们来说说内向。

内向与外向是两种截然不同的性格。但内向并非是一种性格上的障碍，它只是一种性格特征。但在爱情面前，内向却时常能够影响到一个人在恋爱时的表现。在感情方面，一般男孩子需要更多的主动，女孩子可能稍微被动一点。但如果一个男孩子太过内向，那么，他在表白、表达感情方面就会过于含蓄。因为内向的人害怕自己被拒绝，害怕自己做的一些事情会让对方产生不好的心理感受，于是干脆就不开口，这样一来，就算碰到了心目中的那个 Mrs Right，他们也只能默默地看着对方，心中虽有百般柔肠，嘴巴却说不出一句话，这无疑是非常遗憾的。

而另外一种敏感导致的恋爱失败也是常见的。有的人在面对自己心仪的另一半时，内心本来就高度紧张，对方的每一句话、每一个动作，都会成为他们解读的对象。而这种解读由于是站在主观角度上来的，所以很可能会产生误解。

小海是一个毕业三年的大学生，毕业后，他留在读了四年大学的地方。理工科出身的他在大学里并没有邂逅完美的爱情。走上工作岗位后，由于工作性质，小海很少能够接触到年龄相仿的女性，感情的事情一来二去就耽搁了下来。在小海单身的这段日子里，他的同事没少给他介绍对象，但小海仍然没有找到心仪的那个女孩子。小海总是将理由归结于自己现在事业的不成功，无房无车，因为在他看来，走上工作岗位的女孩子都是特别现实的，而且他多年的相亲经历也更让他确信这一点，因为每一个相亲对象都会变着法儿地打听他的月收入，是否有车有房等条件。

这一次，他的一个客户看小海做人做事都很优秀，就给他介绍了一个非常不错的女孩子，对方在一家银行上班。小海本不想去，但拗不过客户的百般催促，最终还是同意赴约。

在一家温馨的茶楼里，小海与女孩小婧见了面。小海第一眼看到这个女孩子的时候内心里就生出了一种莫名的好感：对方身高中等，长得也很不错，精神状态也非常好。这让小海很是激动，他当时就觉得，两人之间有戏。

而小婧这边呢？她喜欢朴素一点、老实一点的男生，初见小海，她心中也有一些别样的感觉。

起初，两人相谈十分愉快。直到小婧问出了一个问题："小海，你现在是住项目部吗？"

小海当时内心一沉，他想了想，对方问这个问题不就是在变相地打听他是否有房吗？他支支吾吾地说："嗯，工作忙，必须要住在项目上。"

小婧听完又继续问："那会不会很苦？"

小海听到这个问题就有些不高兴了，他觉得对方一定是嫌弃他没有房子了，于是草草敷衍了两句之后就岔开了话题。

最后，两人也在平淡的交谈中结束了这次相亲，事后，小海也不愿再去联系这个女孩子了，他认为小婧跟之前的那些女孩一样，也是一个非常世俗的姑娘。

但真实情况是这样吗？

其实，小婧看到小海的那一刻就已经有点喜欢上他了，她问那句话只是出于关心，如果小海没有打岔的话，她很有可能会问出“两人如果走到一起，能不能搬到一起住”这样的话？

但小婧最终没能问出这句“暖心”的话，而小海也因为过分地敏感，让一段本可以很快开始的恋情变成了泡影。

这便是敏感者的一种典型表现。对方简简单单的一句话，他会进行深层次的解读。总认为对方话里有话，没那么简单，但真实的情况却是：凡事总有例外。

敏感者解读时总会强加自己的主观意志。像小海这样的男孩子，他就觉得小婧说的话其实就是在试探他，所以心里生出抵触。除了这样的误读，还有一些敏感者会将对方的一些简单的行为进行解构，添油加醋。比如说，在面对自己心仪的人时，两人正说着话，突然对方看了下手机，就表示要离开。在敏感者眼里，这无疑是一种“对自己不感兴趣”的表现。一旦有了这种想法，他很可能产生不自信，认为对方对自己没有多大的好感。但其实真实情况远没有他想象得那么复杂。因此，这样的心态很有可能就会导致一个人与美丽的爱情擦肩而过。

其实，爱情本是一种很纯粹的感情，在很多时候，它并不掺杂什么。如果喜欢一个人，就应当大大方方地告诉她（他），表白和倾诉并不能决定对方的选择，但如果不表白不倾诉，那你与对方的关系永远也不可能更进一步。而在与对方相处的过程中，何必有那么多“头脑风暴”呢？有些事情还是想简单了好，特别是在爱情面前，因为爱情经不起一点点的误解和猜疑。

第二章
DI ER ZHANG

敏感，其实就是和自己过不去

人们常说，最大的敌人不是别人，而是自己。这话不无道理，一个性格敏感的人，终其一生不都是在和自己过不去吗?敏感的人，不但对身边的人苛刻，对自己更是时常“下狠手”，殊不知，结果总是适得其反，不尽如人意。既然敏感于人于己百害而无一利，那我们何不轻松一点，豁达一点呢?

敏感的人，永远活在别人的眼睛和嘴巴里

曾听过这么一个有趣的故事，古时候，有一个人特别喜欢书法，他毕生最大的梦想就是写出一幅人见人爱的书法。有一天，他耗尽心力临摹了一篇不错的文章，写完后，他将这幅书法作品拿到集市上去展出。

为了知晓观赏者的看法和意见，他还别出心裁地在书法作品旁摆了一支毛笔，并附上一段说明：各位看官，如果您觉得此幅书法还有需要修改的地方，那烦请您在对应之处画上一个圆圈。

很快，这幅看起来十分精致的书法就成了观赏者的涂鸦之地，几乎每一个字都被打上了圆圈的印记，有的字上甚至还叠加了好几个圆圈。等观赏者纷纷散去后，这个人百思不解地停留在原地，他始终不能接受如此糟心的结果。

回到家后，他一直闷闷不乐。年迈的老母亲见状，关心地问道："儿子，你今天怎么兴致勃勃地出去，垂头丧气地回来呢？"

"我练了那么久的书法，竟然一点进步也没有，实在太失败了。"说完，他心灰意冷地将自己的书法递给母亲。

母亲仔细看了半天，才明白整件事的来龙去脉，她拍了拍儿子的肩膀，神秘兮兮地说道："别灰心！待会儿你再写一幅跟原来一模一样的书法，我保证这回大家一定都非常喜欢你的作品。"

原来，母亲只是将那段说明文字换了一下，改为：各位看官，请您在这幅书法作品的精彩处画上圆圈。

最后的结果让这个人大跌眼镜，同样一幅书法，原来那些被否定过的地方，现在全部被打上了赞赏的圆圈。

看着他一脸难以置信的样子，母亲意味深长地说了这么一句话，"如

果你时刻活在别人的眼睛和嘴巴里，那你永远不知道自己有多么优秀。”

毫无疑问，这句话完全可以成为所有敏感的人的座右铭。为什么这么说呢？我们都知道，敏感的人一般都非常在意别人对自己的看法，打个比方，有人说他的穿着太土气，没品位，他立马整日研究时尚杂志，购买最新潮的服装；有人说他为人太抠门儿，他便到处请人下馆子吃饭、去 KTV 唱歌……殊不知，一千个读者就有一千个哈姆雷特，今天有人吐槽你穿着打扮不时髦，明天又有人赞美你走在时尚最前线，又或是前一秒有人批评你对人太小气，下一秒就有人夸赞你待人特大方。正所谓“萝卜白菜，各有所爱”，敏感的人，再怎么用改变自身的方法来迎合别人，最终也无法让所有人的口味达成一致。

上文所说的那个故事就是最好的证明。故事中的主人公就是因为太在乎别人眼睛里看到的和嘴巴里评述的那个自己，才会在自己的书法作品被观赏者画满圆圈后开始严重质疑自己的能力，若不是老母亲的及时点醒，敏感的他很有可能从此一蹶不振，颓废度日，再也不写书法了。

其实，生活就像一面镜子，镜子里呈现出一幅什么样的画面，完全取决于站在镜子前面的那个人。写书法的小伙子之所以收到诸多差评，很大程度上是因为他预先挖了一个署名为“我的书法很差劲”的大坑。也就是说，他本身就是一个毫无主见的人，他不知道自己的书法作品究竟是好是坏，所以才寄希望于他人，希望通过他人的眼睛和嘴巴来得到一个确切的答案。

然而，众口总是难调的，不管是光鲜亮丽的明星，还是朴素无华的路人，谁都无法让所有人都满意和喜欢，赞美往往夹杂着批评。因此，如果一个人的言行举止完全取决于别人对他的看法，那他很快就会失去自我，成为别人眼中的奴隶。

不可否认，敏感确实能让我们沉下心来听进去别人的意见和看法，从而促使我们发生改变，日臻完善自己。但凡事都有一个度，这就好比医生给病人开药，合适剂量的药能让病人在最短的时间内痊愈，而剂量过猛则会使其有性命之忧。同理，敏感也是一剂药方，不幸的是，有些人喜欢擅自加大剂量，最后导致其动不动就对自己的相貌、性格、能力等方面产生怀疑，似乎自己无法给自己一个明确的定位，只有别人的评价才是最真实、最客观的。

台湾著名综艺节目《康熙来了》的主持人小S曾在《小S之怀孕日记》里描述过这么一个片段，在她谈恋爱的时候，她和当时的男朋友即现在的老公许雅均出去看电影，电影开演没多久，她突然感觉左边有一股热气靠近了她的手，就在她以为男友要牵她的手之际，果不其然，男友用他那厚实温暖的手慢慢地包住了她的手。当时，害羞的她想转过头去看看男友的表情是否跟自己一样紧张，可扭扭捏捏了半天却始终不敢行动，因为她害怕自己看到的是对方一脸的稀松平常。最后，当她鼓起勇气转过头时，竟发现男友整个人已经进入昏睡的状态，而且是睡到斜躺在椅子上。

这一幕让小S大跌眼镜，她不敢相信对方竟然毫无顾忌地睡着了，这也太做自己了吧！她看了一会儿，怕男友突然醒来看到她在看他会觉得不好意思，因为如果换成是她，可能会尴尬到立马去办理移民，于是连忙把头转回去。等过了好一阵，她心想男友应该差不多快醒了时，她再次转过头去看对方，结果发现自己真是想太多了，男友还在呼呼大睡中，并且一直睡到电影结束。

在小S的叙述中，我们可以清楚地看到，她的男友活得确实很自我、很真实，连跟心仪的女孩在一起看个电影，也能被无聊的电影“催眠”至酣然大睡，丝毫不在乎此举有损自己的美好形象，完全可以想见，这种人跟“敏感”二字八竿子也打不到一块去。也正是因为男友在自己跟前展现出如此真实随性、特立独行的一面，完全不在乎他人的眼光，小S很快就对其芳心暗许，非卿不嫁了。

综上所述，内心太过敏感的人，压根儿就是在和自己过不去，非得要活在他人的眼睛和嘴巴里，给自己平添许多不必要的愁苦和郁闷。要知道，人生苦短，旁人的眼光终究不过是一缕烟，转瞬之间就会随风而散，既然如此，我们又何必执着于这短暂的烟云呢？还不如平静下来，好好听一听自己内心最真实的声音。

敏感于面子，只会让自己活受罪

现实生活中，我们经常会听到这样的话，“给我一个面子”、“看在我的面子上”、“你这么做，就是不给我面子咯”，面子究竟是何方神圣？明明每个人都有一张属于自己的脸面，却仍是不满足地向他人讨要“面子”，仿佛别人给的面子越多，自己的脸上就越有光彩。

另外，喜欢到处让别人给面子的人，往往也是一个热衷于给别人面子的人。这种人为了面子可以奔波劳累一辈子，目的就是让他人高看自己一眼，最终赢得对方的肯定和喜爱，满足自己的虚荣心和自信心。

可正如奥地利犹太裔著名小说家斯蒂芬·茨威格所说的：“上帝给我们赠送的每一份礼物，都在暗中标好了价格。”面子就是这么一份“大礼”，我们从中收获了不少快乐，与此同时，烦恼、忧虑和压力也接踵而至。

在郭冬临的小品《有事您说话》中，郭冬临饰演的小郭恰好就是一个敏感于面子的男人，他在公司领导、同事的面前，总是扮演一个无所不能的大好人，不管谁找他帮忙，他总是拍着胸脯说没问题，很多时候，甚至别人还未开口，他就自告奋勇地先来这么一句口头禅：“有事您说话！”

在这个世界上，求别人帮忙办事不稀奇，稀奇的是竟然有人会求着帮别人办事！毫无疑问，小郭刚好是后者。为了帮单位老牛买卧铺票，小郭顶着严寒，扛着铺盖，排着长队，可天公不作美，排了老半天，刚轮到他时，又没票了。无奈之下，他只好自掏腰包，搭进去二百块钱，买了两张高价票，用他的话说，“不能让老牛说咱无能啊”。

回到家后，老牛上门来取票了，面对老牛的连声道谢，小郭又开始自吹自擂，说自己只不过打个电话给哥们儿，哥们儿一大早就送来五张卧铺票，剩下多余的三张让他给退回去了。话音刚落，老牛惊喜地喊道：“哎呀，我又添了三个人，刚好要五张票。”小郭一听，自知说错了话，急得直拿手抽自己大嘴巴。

紧接着老牛又问：“那三张票有问题吗？”小郭骑虎难下，只好硬撑着回道：“没问题。”话说到这份儿上也就罢了，仿佛中邪了似的，他又开始搬起石头砸自己的脚，“那三张票也要下铺吧？”老牛听了，又兴奋地大叫道：“太好啦！下铺！下铺！”两次都说错话给自己添麻烦，小郭只好再次拿手抽自己的嘴。

在心理学上，对于小郭这种过分爱面子的人，往往会将其定义为“敏感自卑”。因为越是敏感自卑的人，越是在乎别人如何看待和评价自己，以至于为了维护面子，总是会罔顾自身的真实能力、需求和感受，用别人的标准来要求自己，委屈自己去做一些力所不能且违心的事情。

小郭正是因为太敏感，太自卑，觉得自己一无是处，才会上赶着去给别人帮忙，可结果换回的是什么呢？人人都把他当做免费的“便利贴”，最后把自己累得半死不说，还平添许多不必要的心理压力，长此以往，迟早有一天会弹尽粮绝。

俗话说：“死要面子活受罪。”此话确实不假，从小的方面来说，一个存款不多的男人为了娶个老婆，将婚事大操大办，最后却导致生活捉襟见肘，连吃饭都要出去借碗米；从大的方面来说，一家资金有限的企业为了让自己看起来更豪华，不断地花大钱搞装修，结果却深陷困境，无法自拔。

当然，也许有人会说，人活一张脸，树活一张皮，生而为人，有谁能真正做到不爱面子呢？一个人可以爱面子，但绝对不能死要面子。要知道，即便我们在他人眼中再有面子，也不过是虚伪的假象，好比水中月和镜中花，纯粹自欺欺人罢了。

总而言之，敏感于面子是一种心理疾病，得治！治愈这种心疾最关键的一步是，坦然面对和接纳自身的不完美。毕竟金无足赤，人无完人，全知全能是上帝的差事，作为凡夫俗子的我们，不必强撑起这份责任。在与人交往的过程中，力所能及地去帮助别人已然是善之极致。有时候，我们也要允许自己能力有限，允许自己做不好或是做不到某些事情，并发自真心地原谅自己的过失。

除此之外，我们还要彻底放下“旁人眼中出色的我”。既然敏感于面子让我们的身心处于一种极度疲惫的状态，那我们就必须反思，没有必要委屈自己迎合别人，满足别人的需求，从而向其讨要肯定、认可和赞美了。

鲁迅先生曾说：“真正的勇士敢于直面惨淡的人生，敢于正视淋漓的鲜血。”敏感于面子的人，是时候走出自我营造的虚幻宝塔了，当我们鼓起勇气面对生命中的阴影和不足时，我们头顶的阳光必定更加灿烂，我们的生活也将少苦增甜。

敏感就是否定自己，自舔伤口

宋心恬是一个非常敏感的人，每次她和朋友打电话，如果说到中途，朋友临时有事要先挂电话，她都会为此胡思乱想一番，最后弄得自己心神不宁，同时也让朋友小倩受困扰。有一次，朋友小倩因为家里有急事匆匆挂了她的电话，结果第二天就收到她的一条短信，“我昨天一遍又一遍地回想咱俩在电话里的聊天内容，你是不是因为我说了一句‘最近你好像长胖了不少哦’，生我的气呢？对不起，是我不好，我不该说这种话惹你不开心，你原谅我好不好？”

看完短信后，小倩有些莫名其妙，心想，昨天的谈话不是很愉快么？她并没有说错什么话，我也没有不高兴呀！当下小倩立马回了一条短信给她，请她务必不要多想，并表示对她绝对没有任何不满。

同样的一幕，上演了很多遍后，小倩再也不敢轻易挂她的电话了，不然她肯定又会回过头分析自己究竟说错了什么话，然后找出可能的蛛丝马迹来向小倩道歉。

就这样，小倩始终小心翼翼地经营着彼此的友情，生怕伤害到敏感多疑的宋心恬，使得她一次又一次地怀疑自己，否定自己。武志红在《我们都是受虐狂》一文中，曾描述过这样一个女子，女子的父亲是一个大酒鬼，在她还是一个小孩子的时候，不仅要忍受醉酒后的父亲对她的残酷打骂，还要用自己羸弱的身体去照顾父亲。在她的意识层面，她十分痛恨自己的酒鬼父亲，并且发誓长大后一定不会嫁给一个喜欢酗酒的男人。然而，事与愿违的是，在她成年之后，她所交往的几任男友全是酒鬼，即便有一开始不是酒鬼的，在和她朝夕相处之后，最终也变成了酒鬼。

对此，武志红的分析可谓是一针见血，在他看来，女子在重复童年时代所受的痛苦，她渴望借由这种痛苦去抚慰幼时那个脆弱无助的自己。

宋心恬虽没有一个酒鬼父亲，可她喜欢否定自己，然后自舔伤口的“受虐”心理和武志红笔下的那个女子惊人的相似。其实，归根结底，这种喜欢被痛苦喂食的敏感性格，很大程度上源自于孩童时代的创伤。从心理学的角度看，每个孩子一开始都是自恋的，在他们的意识里，周围发生的任何事情，全部“拜他所赐”。比如，当父母亲近他时，他会认为，此时的“我”是一个“好我”；当父母不理他时，他会认为，此时的“我”是一个“坏我”。

宋心恬小时候甚少得到父母的关爱、夸赞和肯定，这种体验直接导致其敏感心性的形成，如果一件事情没做好，她就会觉得是自己的能力不行，如果朋友流露出一丁点不悦的神色，她就会觉得是自己不好，说错了话或是做错了事儿。小倩只不过是因为有急事挂了她的电话，她就为此左思右想，坐立不安，真难想象，如此敏感脆弱的她，又该如何熬过错综复杂的人际浪潮？

其实，在现实生活中，像宋心恬这样的人不在少数，他们经常将“我不行”“是我不好”“我不能”等话挂在嘴边，时间一久，这种心理暗示会像疯长的野草一样，占领他们的每一处心房。可见，一个人如果长期被这样的悲观情绪所笼罩，就很容易变得情绪低落和忧愁满怀。这样的人遇到任何挫折和人际纠纷，总会忍不住将所有的责任都揽到自己的身上，不断地讨伐自己，责怪自己，渐渐地，他们就会因为害怕别人看不起或是厌恶自己而不愿意和人来往，一个人与世隔绝地生活着，顾影自怜，暗自神伤。试问，这样的人，又如何能尽情享受到生活的乐趣呢？留给他们的只会是无尽的灰色阴影。

高尔基曾说：“反省是一面晶莹透澈的镜子，它可以照见心灵上的玷污。”一个人的反省能力强，的确能帮助其取得更大的进步，可敏感的人败就败在过度反省上，他们总是用放大镜来审视自己的心灵，可自身又不具备与此匹配的强大的心理承受能力，所以只能一而再再而三地否定自己，给自己套上无形的枷锁。

为了能从“自我否定”的阴影中走出来，敏感的人最好给自己多注射一些自信的血液，果断拔掉心底的怀疑和不确定，重新开始自己与外界的自由联通，让明媚动人的阳光重新洒进潮湿阴郁的心屋。

如果总在乎别人怎么想，那就别活了

读过《一只特立独行的猪》一文的人，应该都知晓已故作家王小波先生文笔的幽默和思想的独特性。王小波先生在插队的时候，喂过猪，也放过牛，在他看来，即便没有人来管，这两种动物也完全知道该怎样生活。

“它们会自由自在地闲逛，饥则食渴则饮，春天来临时还要谈谈爱情。”这句话描述的是在没有人的管制安排下，猪和牛浪漫自由的日常生活。人来了以后，它们的幸福生活彻头彻尾地发生了改变，对于牛而言，它的最高使命成了埋头干活，而猪呢，则要拼了命地长肉。

就在大部分牛和猪都默默地接受这种命运后，有一只猪却颇有些与众不同。这只四五岁的肉猪，长得又黑又瘦，两眼还炯炯有光，它像山羊一样敏捷，纵身一跃就能跳过一米高的猪栏。不仅如此，它还能像猫一样，轻快地跳上猪圈的房顶，总之，它就是不愿意安安分分地待在猪圈里，总想着到处闲逛。

为此，王小波先生特别偏爱这只猪，经常用细米糠熬的粥喂它，等它吃饱了后，才把糠兑到野草里去喂别的猪。每当它吃饱了，它就跳上房顶晒太阳，有时兴致一高还会模仿各种声音，如汽车响、拖拉机响。

后来，这只猪学会了汽笛叫，这项本领却给它带来了杀身之祸。插队的地方有一座糖厂，中午要鸣一次汽笛，好让工人换班。这只猪每天上午十点总要跳到房上学汽笛，下地干活的人听见它就回来，足足早下班一个半小时。因为这事儿，领导还专门开了一次会，将这只猪定性为破坏春耕的坏分子，决定对其采取专政手段。可这只猪实在太过强悍，最后竟然突破重围，逍遥而去。

从王小波先生的描述中，我们可以清楚地看到，这只猪是多么的特立独行，它根本不服从人类的强行安排，更不在乎人类以及同类对它的看法，自始至终都活得那么洒脱奔放，用香港摇滚乐队 Beyond 的歌曲《海阔天空》的歌词“原谅我这一生放纵不羁爱自由”来形容，再恰当不过了。

一只猪尚且活得如此自由自在，压根儿不在乎别人的闲言碎语，生而为人，是不是更应随性一点，豁达一点，轻松一点呢？如果我们总在乎别人怎么想，那干脆别活了，因为这世上只有一个自己，他人却有千千万，以一敌万，忙得过来吗？

每个人的一生总要扮演各种各样的角色，而有的人在扮演的过程中很容易失去自我，满脑子都是别人是怎么想我的，他是不是不喜欢我，我是不是不够吸引人？打个比方，女人在扮演妻子的角色时，往往会把全部的心思放在丈夫身上，她所有的快乐都来自丈夫，同时所有的悲伤也因丈夫而起。刚开始，丈夫或许还会很享受妻子对他的满心依赖，可时间一长，他逐渐感到有些力不从心。有时候，他不过想安静地打会儿游戏，妻子都会在一旁生闷气。

“宝贝，你怎么了？是不是哪里不舒服？”丈夫关切地问道。

妻子两眼含泪地控诉道：“你是不是不喜欢和我在一起？”

“没有啊！你怎么会这么想呢？”丈夫急忙否认道。

“那你为什么一个人打游戏，把我晾在一边呢？”妻子有些不依不饶。

“……我不过是打会儿游戏，如果你想跟我说话，你要直接说呀！”丈夫有些无语，他不明白妻子为何总是胡思乱想，两个人相爱不一定要每分每秒都腻在一起，偶尔单独做一点儿自己喜欢的事情也挺好的。

情感咨询师晚睡姐姐曾有这么一句名言：“我努力工作，从来不是想升官发财，只为要对得起我自己的人生。我会努力兼顾好我人生的所有角色，妻子、女儿、妈妈、姐姐、妹妹，我都要在能力范围之内做好，不过我始终有一个从来不会因为角色转变而更改的名字，那就是：我自己。我要做我自己，谁都不能阻止我成为我自己。”一个人只有成为他自己，才能收获到牢靠的快乐，这份快乐用不着任何人赏赐，完全自给自足。如果上文中的那位妻子能明白这一点，她生活的基调就不会被悲伤占去一大部分了。

这是一种自我掌控生活的能力。敏感的人普遍缺乏这种能力，他们习惯于将全身的重量丢到别人的身上，如果足够幸运，对方屹立不倒，他们也落个轻松，但稍有不幸，对方摔了个大马趴，他们也跟着倒下。不仅如此，在被别人牵着鼻子走的过程中，他们的脑袋没有过片刻的清闲，思绪如扇叶一般不停地转动着，总是在想，别人究竟是怎么想的，他们对我的看法如何如何等。

猜来猜去，想来想去，却始终没有料到，自己搜肠刮肚列出的一百个答案，还是敌不过生活的一千种可能。记得《礼记》里讲过一个“不吃嗟来之食”的故事，很多人都非常佩服那个有骨气、宁肯饿死也不愿接受别人的施舍的齐人。然而，事实真是如此吗？齐国当时正遭遇饥荒，富翁黔敖在路上准备饭食以赈济饥民，就算他的举动中带着一点施舍的意味，可说不准他内心也确实有不少对饥民的慈爱和关怀啊？仅凭这一点可能性，那个宁愿饿死也不接受食物的齐人，八成是自己内心敏感过度，喜欢胡乱揣测别人对自己的想法。

我们什么时候学会将视线从别人身上转移到自己身上，我们什么时候就离梦想中的幸福更近一步。敏感就如同一枚硬币，有好的一面，也有不好的一面，幸运的是，选择权始终都在我们自己的手里。只要我们懂得节制，既能站在别人的角度上去考虑问题，又能专心致志地走在自己的道路上，不过度在乎别人是怎么想的，那我们的生活、工作和情感将迈入一个更为开阔的天地。

遇事不钻牛角尖，人也舒坦，心也舒坦

在《加勒比海盗》系列电影中，戴维·琼斯船长给人的印象非常深刻，因为他的下颚处长有章鱼触须，整个人看起来非常可怕。

而实际上，章鱼不仅模样让人心生恐惧，其本身就是海洋生物中一种可怕的动物。它们的身躯极为柔软，柔软到几乎可以将自己塞进任何一个缝隙，仿佛练就了武侠小说里经常提及的“缩骨功”。很多人并不知道，章鱼喜欢以鱼虾为食，它们经常躲在海螺壳里，等到猎物靠近时，再出其不备地咬住它们的头部，紧接着注入毒液，使其麻痹而死，最后再把它们吃干抹尽。

然而，正是因为章鱼对各种器皿嗜好成瘾，喜欢藏身于空心的器皿之中，人类才想到了一个瓮中捉鳖的巧妙计策。渔民们用绳子将许多小瓶子串在了一起，然后把这些小瓶子扔到了海底，章鱼看见从天而降那么多“藏身之所”，都争先恐后地往里面钻，果然是没有脊椎的动物，很快，它们就在瓶子里找到了一个舒适的位置。一段时间过后，渔民们就把小瓶子从海底提上来，如此，那些以前对着猎物张牙舞爪的章鱼，就这样成了我们餐桌上的美味佳肴。

是什么让章鱼成了“瓮中之鳖”？有的人说是瓶子，可瓶子只是静物，没有捕捉猎物的三头六臂；有的人说是聪明的渔民，可渔民们并没有碰它们半根毫毛。其实，真正囚禁章鱼的是它们自己，它们总是喜欢狭隘阴暗的角落，哪怕前面是一条死胡同，它们也会闷着头往前钻，颇有不撞南墙不回头的较真劲儿。

不光章鱼喜欢一条道走到黑，在我们的身边，同样存在着不少遇事喜欢钻牛角尖的人。每当遇到不如意之事，他们不是想着跳出来解决问

题，而是挖空心思地往逼仄的瓶子里面钻，好像那里头藏着他们的救命仙丹一般。结果救命仙丹没找到，反而使自己的眼界变得越来越狭隘，思想越来越偏激，井底之蛙尚且头顶一小块蓝天，他们却连一小朵白云都瞅不见。

在热播宫廷剧《甄嬛传》中，女主角甄嬛冒着严寒，在倚梅园中祈福，她将自己的小像挂在一枝花朵开得最盛的梅枝上，然后顾不得满地冰雪放下风灯诚心跪下，心中默默祝祷道："逆风如解意，容易莫摧残。"

好一个"逆风如解意，容易莫摧残。"事事如意不止是甄嬛一个人的夙愿，每一个人都曾祈盼自己的生活无风又无雨，可人生不如意之事十有八九，我们总会在人生的每个阶段遇到或大或小的烦心事。既然烦心事无法避免，那我们能做的只能是调整自己的心态，积极乐观地面对问题和解决问题。

如果有人执意采取钻牛角尖的方式，到头来只会竹篮打水一场空，落得个身心皆不舒服的下场而已。相信很多人都有过这样的感觉，遇到糟糕的事情时，常常会不自觉地联想到最坏的结果，越想越郁闷，越郁闷还要越想，最后让自己的情绪跌落谷底，整个人就像上文所说的章鱼一样，干脆钻到有如牛角尖的瓶子里。

这一切的一切，都是因为我们太过敏感，遇事喜欢认死理，不懂得灵活变通，不是有这么一则脑筋急转弯么？

"一个人要进房间，但房门怎么拉也拉不开，请问是为什么？"

答案非常简单：因为房门是要推的。

喜欢钻牛角尖的人不容易回答出这个问题，因为对他们而言，换个角度看问题是一件无比艰难，且非常挑战他们固有思维的事。举个简单的例子，你说做人要有基本的良知，他就会挑着眉毛呛声道："这年头马善被人骑，人善被人欺，良知值几个银子？"无论你说什么，他都不会买你的账，反而会将你的劝说、批评和建议当成是对他自尊心的伤害，从而在口头上加以辩驳，或是在行动上加以对抗。这种人天性敏感，脾气倔强，有着很强的逆反心理，稍有不如意，就拿身边的人开炮，同时也让自己陷入绝望的深渊。

而摆脱这一切的最好办法莫过于以下两点：

1. 从多个角度考虑问题。所谓的钻牛角尖，就是指人遇到事情时，因为受到思维定势的影响，总是从自己已有的经验来考虑问题。因此，我们首先要改变的就是这种单一的思维方式，培养自己多角度看待问题的能力，让自己的眼界和心胸变得更为开阔一点，这样才不至于活得不舒坦。

2. 当我们察觉到自己开始钻牛角尖时，要学会迅速地跳出来，不断提醒自己“我这是在钻牛角尖，快点走出来”，并积极转移自己的注意力，暂时抛开眼前的烦心事，去做一些平时喜欢做的事情，比如看一看搞笑的视频和漫画，和朋友去郊外散散心，又或是干脆去公园慢跑几圈。

俗语有云：“日出东海落西山，愁也一天，喜也一天；遇事不钻牛角尖，人也舒坦，心也舒坦。”对于敏感的人来说，生命中一个很重要的课题应该是学会善后和止损，在木已成舟的情况下，我们必须逼迫自己承认，打翻的牛奶再也回不来的事实。要知道，一个心智成熟的人，是不会让自己长时间处于无用的牛角尖之中的，他们会擦干眼泪，收拾心情，愉快地轻装上阵。

摆脱“精英”强迫症，适当给自己减负

曾在台湾综艺节目《小燕之夜》看到过几位男明星聚在一起讨论自己的洁癖，其中洁癖程度最深的当属宋逸民先生，宋逸民先生的夫人陈

维龄女士在节目中爆料，“控诉”先生宋逸民连一个澡都不让她好好洗。

因为他们是和公公婆婆分开住的，所以每次过年他们都会带着小孩回到公公婆婆家，而每次回家过年的前几天，宋逸民都会提前把自己的小家搞得干干净净，一尘不染。尤其对于爱生霉菌的洗手间，他更是要求地上连一滴水都不能有，每当陈维龄去洗手间，他都会拿着一块抹布跟在她身后，等她洗漱完毕后，他就会立马冲进洗手间，左擦擦，右抹抹，那架势恨不得把洗手台擦破。

其实这还是小事，最让陈维龄受不了的是，先生宋逸民竟然让她在洗澡的时候，把花洒取下来自己手持着洗，更过分的还在后头，她不能在浴室里随便乱走，只能固定在一个小角落里，因为这样才不会把水弄得到处都是。

主持人小燕姐听了陈维龄的抱怨后，惊讶得连嘴巴都快合不上了，她好奇地问宋逸民为何要那么严苛，宋逸民的回答是：“不然清理起来会很麻烦。”

在场的心理医生当即表示，宋逸民的洁癖实在太严重了，有轻微的强迫症倾向。而所谓的强迫症，一般是指以强迫观念和强迫动作为主要表现的一种神经症，患者明知强迫症状的持续存在毫无意义且不合理，却不能克制地反复出现，愈是企图努力抵制，反而愈感到紧张和痛苦。

宋逸民这种过分爱干净的行为，恰好属于洁癖强迫症，这是在日常生活中出现的比较多的一种强迫症。除此之外，比较常见的还有强迫检查，强迫联想等等。有研究表明，容易罹患强迫症的人通常性格都比较敏感、内向、谨慎、胆小、自卑，并且喜欢追求完美，渴望自己成为一个精英式的出色人物。

王明辉就是一个最好的例子。他在一家杂志社从事文字编辑的工作，每天都要阅读成千上万的文字，别的编辑都能在规定的时间内完成工作，可他却不行，几乎每晚都要加班。一问才知道，当别的编辑审完一篇文章时，他还在一字一句地反复研读，生怕自己审漏了一个字、一句话，又或是没审出错误。

长年累月的高负荷工作，导致他年纪不到四十就早早地秃了顶，面容憔悴好似一个大病未愈之人。这也难怪，工作压力过大，日常三餐都不能按时吃，还经常加班熬夜，长此以往，就算一个人精力再旺盛，身体也会被搞垮。另外，王明辉的“精英”强迫症，还让他的精神长期处于一种高度紧张、焦虑的状态中。最后，在内外双重夹击之下，病来如山倒，心力交瘁的他，终于住进了医院。

适度的强迫带来的压力确实能让一个人变得更为上进，从而在工作上取得较为显赫的成绩，可过度强迫只会让一个精英变成精神病患者。按理说，像王明辉那样勤勤恳恳、细致谨慎的人，应该能在职场上青云直上，可事实并非如此。他在杂志社工作十几年了，比他晚来的同事都混上了一个小官做做，只有他还在原地踏步，归根结底，还是因为他这种“精英”强迫症影响了他的工作状态和工作效率，他越是心急焦虑，就越是吃不了热腾腾的豆腐。

很多人都以为，一个越是完美的人，越是能得到众人的青睐，因此，人人都想成为旁人眼中的精英和人才。然而，精英真的有那么招人喜欢吗？

英国著名电影演员奥黛丽·赫本，曾在电影荧幕上塑造了不少经典的角色，拥有姣好容貌的她，堪称“精英”的代言词。在她逝世后，人们一度称其为“人间天使”。可现如今，一个眉眼之间带着不少赫本范儿的好莱坞女演员安妮·海瑟薇，却成为了不少北美人民的眼中钉和肉中刺。

要说安妮·海瑟薇也没犯什么错，那为什么近乎完美的她就是不受人们待见呢？这还得从心理学上著名的“暴露缺点效应”说起，对于一个精英来说，有时候，适当地暴露出自己身上一些小小的缺点，非但不会使自身的形象受损，反而会让人们对他喜爱有加。因为在某种程度上，完美的人通常都给人一种“不接地气”的不真实感，生活气息不够浓厚，自然赢不了普通人的欢心。

另外，人们之所以喜欢和有缺点的人来往，是因为我们每个人的骨子里都镌刻着攀比的因子，试问，谁不希望自己高人一等呢？谁又希望站在一个精英旁让自己低人一级呢？由此可见，精英并不一定就能获得大多数人的认可，既然如此，敏感好强的人，也就不必强迫自己成为一个“高处不胜寒”的精英了。

回归正常的第一步，就是要努力减轻自己肩上的负担，松弛自己的身心。生命中有太多的不可承受之重，如果我们为了成为一个更优秀的人，而将自己逼到山穷水尽的地步，那这种做法就有些舍本逐末了。然而，亡羊补牢，犹未晚也，过往那些走错的路虽然无法重来，但我们依旧来得及调整当下前行的方向，因此，大胆抛掉强加在自己身上的重压吧，朝着自己想要的快乐生活出发！

允许自己犯点错，别太苛求

在歌德的长篇诗剧《浮士德》中，浮士德和魔鬼梅菲斯特签约，他将自己的灵魂抵押给梅菲斯特，而梅菲斯特则要满足浮士德的一切要求。如果有一天浮士德认为自己得到了满足，那么他的灵魂将彻底归梅菲斯特所有。

这其实都源自魔鬼梅菲斯特和天主打的一个赌，以下是两者的对话：

梅菲斯特傲慢地说道：“您赌点什么？您肯定会输掉，如果您允许我把他慢慢引上我的大道！”

天主回答道：“只要他活在人世间，你要试一试我不阻拦。人只要努力，犯错误总归难免。”

天主这句话的意思不是说，人类不要再努力了，而是说，人类不要因为害怕犯错误或是犯了错误而停止自己的努力。

因此，不管从哪个角度去看，只要是人，都有可能会犯错误，这几乎是一个无可争辩的事实。可敏感的人，却始终不愿意活在这样的事实之中，他们如履薄冰地活在这个世界上，生怕自己一不留神，就踩进去了错误的大坑，为此，他们的座右铭通常是：苛于待己，严于待人。

一个害怕犯错误的人，往往接受不了自己身上的瑕疵。打个比方，如果有一天他们脸上突然冒出了一个巨大的痘痘，那他们这一天都别想过得舒坦，有镜子的人，会时不时地拿起镜子看一看，摸一摸，没有镜子的人，则退而求其次地把手机当做镜子照。就算不照镜子，他们的手也不会闲着，总是不自觉地去抚摸脸上的那颗大痘痘，仿佛这样能让他们的脸蛋立刻变得光滑。

试问，一个人如果在工作中总是被这些小事困扰，最后弄得自己忧心忡忡，坐立不安，那他的工作效率还能高吗？同理，如果一个人总是害怕在工作或是生活中犯错误，那他的这份苛求之心绝对不能给他带来片刻的舒适和快乐。

其实，错误并不可怕，犯错误也是人之常情。一个成年人，最重要的是学会在犯错误之后，能勇敢地站出来承认自己的问题，然后积极乐观地去解决问题，避免下一次再犯同样的错误。所有人都是在不断地犯错中成长的，我们的每一次犯错都是人生中最宝贵的经历，正因为犯错，我们才深刻领悟到什么是对。

就拿很多人都爱喝的可口可乐来说吧，有多少人知道可口可乐其实是在一个错误中诞生出来的经典饮料呢？

1886 年，在乔治亚州的亚特兰大市，一位名叫约翰 · 潘博顿的药剂师，有一天在自家的院子里调制出一锅能提神解疲、减轻头痛和镇静人心的饮料。当时，潘博顿将这锅液体带到药房，指示他的助理魏纳伯往这锅液体里加入一些糖浆和水，然后再添加些许冰块。

加完这些佐料后，两个人都忍不住尝了一口，嗨，你别说，这味道还不错。

正当潘博顿要倒第二杯的时候，助理魏纳伯不小心加错了水，他加的不是普通的水，而是含有二氧化碳的水。此时，潘波顿非但没有因为这事儿生助理的气，还满腹兴致地拉着他一起再次品尝了一下这锅液体，没想到，相较于前者，他们俩更喜欢这个味道。

最后，他们决定不将这锅液体命名为“头痛药”，而是把它当做一般解渴的饮料来卖。因为这锅液体里含有古柯叶和可乐果，于是，他们就将这种饮料取名为“可口可乐”。

而就在当年，可口可乐平均每天都要卖出 9 瓶。而现如今，全世界有 155 个国家的顾客，平均每天就要喝掉 393000000 瓶可口可乐。

这个故事告诉我们，犯错并不可怕，有时候错误还能在阴差阳错下成就一番天大的美事。谁又能想到，药剂师潘波顿当时准备研发的治疗头痛的药水，能在转瞬间成为全世界最受欢迎的饮料之一呢?

敏感的人大多有着前怕狼后怕虎的不安情绪，不管做什么事都畏首畏尾，举棋不定。他们以为这样做是很保险的，没有什么后顾之忧，殊不知，在如此苛求自己的过程中，焦虑和紧张总是如影随形，他们希望像落水狗一样，稍微晃动身体就能抖掉身上的水珠，可最后水珠没抖掉，反而溅到了自己的眼睛。

反观那些不惧犯错的人，他们时刻都能保持住一种斗志高昂、精力充沛、果敢自信的精神状态，即便在某个地方绊倒了，他们也能很快地爬起来，完全没有因为错误影响到自己的心情和解决问题的信心。

众所周知，德国人一向以严谨著称，他们生产的产品基本不会出现什么质量问题。只要是德国制造的产品，在消费者那里几乎都有着不错的口碑，而这一切，都要归功于德国人根深蒂固的一个观念——不相信人。

在德国人的观念里，只要是人，都会犯错误，都会有误差，特别是在生产环节，如果人的因素掺和的越多，最终产品出现问题的可能性也就越大。因此，德国人一直致力于提高生产的自动化水平，只要是机器能代劳的，在成本合理的范围内，任何人都休想插手其中。

了解到这些后，相信敏感的人在以后的工作和生活中，一定不会再那么苛求自己，一定会允许自己犯点错。哲人曾说："苦难是上帝化了妆的幸福。"错误又何尝不是呢？每一个错误里都包裹着一只振翅欲飞的美丽蝴蝶，只要我们多一些勇敢，多一些释怀，就能随着蝴蝶翩然起舞。

给自己一个希望，不为明天而烦恼，不为昨天而叹息

微博上曾流行这么一段话："我们在吃饭时想着工作，在工作时想着出游，在恋爱时担心分手，在拥抱时还在看表……如果我们不能在适当的时间做专一的事，我们将永远都是凡人一个，永远都无法体会到生活的细节带给我们心灵深处的愉悦。"这段话之所以那么深入人心，引发网友的共鸣，是因为我们每个人都有过这样的经历，我们总是不能好好地生活在当下，永远都在预支明天的烦恼。

敏感的人尤其如此。他们时刻处于一种没有安全感的忧愁之中，哪怕吃着碗里的饭，都会担心下一秒自己会不会噎死，哪怕喝着杯里的水，都会担心下一秒自己会不会呛死。从前，有一个小和尚，他每天早上起来，都要负责清扫寺院里的落叶。对于他而言，每天一大早起来清扫落叶实在是一件非常痛苦的事情，因为落叶一直在掉个不停，清扫起来真的是十分麻烦。

尤其在秋冬之际，每一次起风的时候，地上的树叶还总是被风吹起，

在半空中翩跹飞舞。每天早上，他都需要花费很长的时间，最后才能把院子里落叶清扫干净，为此，小和尚感到头痛不已。

有一天，他又花费了一个上午的时间来清扫落叶，清扫完后，他一个人坐在门前的台阶上，双眉紧皱，冥思苦想，却始终想不出一个好办法，可以让自己一劳永逸，不再那么辛苦。

后来，寺庙里的一个大和尚对他说："笨蛋，这还不简单吗？明天你在清扫地上的落叶之前，先用力摇一摇那棵树，把树上的落叶统统都摇下来，然后再一次性清扫干净，那么后天你就可以不用再扫落叶了。"小和尚听了，猛地一拍脑袋，觉得大和尚说的确实是一个好方法。

于是，第二天，他特地起了个大早，使劲地猛摇树，这样他就可以把今天跟明天的落叶一次扫干净了。没想到，等到第三天，小和尚早上起来，跑到院子里一看，他不禁目瞪口呆，因为院子里还是一如往日地落叶满地。

顿时，小和尚觉得自己昨天真是白白地做了无用功，于是，他蹲在院子里号啕大哭起来。寺庙里的老和尚得知此事，走了过来，他温柔地对小和尚说道："傻孩子，你再用力摇那棵树，明天的落叶照样还是要飘下来。你何苦为难自己，非要提前去预支明天的烦恼呢？"

小和尚听了老和尚这一番富有哲理的话，立即停止了哭泣。从此，他每天早上起来，都开开开心心地把当天要扫的落叶清扫干净，至于明天的落叶，他决定留到明天再去想。

读完这个故事，敏感的人是不是发现自己像极了那个小和尚呢？其实，烦恼和忧愁就好比树上的叶子，谁也没有办法能让属于明天的落叶提前掉到地上，谁也没有办法将属于明天的烦恼抢先一步吃进肚里。未来的事情总是变幻莫测，犹如一个大大的问号，我们与其自寻烦恼地对未知怀揣不安之心，还不如将当下的真实紧握在手，尽情地享受这一刻的美好与忧愁。

其实，敏感的人不光爱为未知的明天而烦恼，还特别热衷于为昨天的遗憾而叹息。如果时光机器真的存在，他们绝对会不惜任何代价回到过去，好改写历史，弥补过去犯下的错误或是留下的遗憾。

然而，正如东晋诗人陶渊明所说的：“悟已往之不谏，知来者之可追。实迷途其未远，觉今是而昨非。”过去已然淹没在时光的长河之中，任凭我们怎么捶胸顿足、呜呼哀哉，它也不会再回头朝我们嫣然一笑。如果我们足够理智和聪慧，就应该早点悬崖勒马，砍断对过往的无声叹息。

敏感的人从来都不愿意接受昨天已经尘埃落定的遗憾和错误，以至于他们经常用自己的烦闷和忧愁来变相成全内心那份对完美的苛求。这样做的后果是非常可怕的，它并不能给一个人的生活带来多少奇迹，反而会让他们的工作和生活停滞不前。

捷克作家米兰·昆德拉曾在其名作《不能承受的生命之轻》中说道：“因为人的生命只有一次，我们既不能把它同以前的生活相比较，也无法使其完美之后再来度过。”换句话说，人人的生命都是现场直播，谁都没有彩排的机会，所以谁都会不可避免地犯下错误。

总而言之，为未知的明天惴惴不安，为逝去的昨天感伤不已，都是一种愚蠢的做法。敏感的人必须明白，昨天和明天都不是我们的私有财产，我们拥有的只有转瞬即逝的当下。既然一个人快乐是一天，不快乐也是一天，我们为何不给自己一个希望，开开心心地过日子，不再为明天而烦恼，也不再为昨天而叹息呢？

第三章

DI SAN ZHANG

敏感，能让一个人沦为情绪的奴隶

过分敏感的人，遇到一丁点不顺心的事儿，就能在内心酝酿出情绪风暴，心中会出现恶、恨、嫉妒等一系列的负面情绪。久而久之，就会陷入这些情绪中无法自拔，最终使自己沦为情绪的奴隶，其精神面貌和健康状况也会受此影响而变得更加糟糕。但人才是自我情绪的主人，因此，我们有能力将“敏感心疾”从内心驱逐出去，成为一个能够掌控自我情绪的强者！

高度敏感，心理学上的“神经质”

2011年8月31日，李阳的外籍太太在微博上传多张遭“家暴”的照片，引起了大家的关注，9月10日，李阳在微博上正式回应家暴事件并做出道歉。以李阳为代表的名人家庭暴力事件一经曝光就在社会上引起了轩然大波，作为疯狂英语创始人的李阳一直是创业成功的杰出代表。谁也不曾想到这样一个年轻有为、有影响力的人居然会有这样的新闻，真是骇人听闻。而专业人士则将这种行为称之为“神经质”。

当然，李阳家暴事件是属于非常严重的很少出现的个案。然而，在生活中，神经质的人并不少见，而导致出现这种心理现象的原因是“敏感”。

神经质是在某种特定条件下，任何人都可能发生的神经质症症状。

在职场中，与神经质型的同事相处的时候，你会发现他们行为怪异，喜欢表现自己，惹人注目，情绪带有戏剧化色彩。并且有非常好的艺术表现才能，爱哭爱笑，演技逼真，有一定的感染力。有的人管他们叫“伟大的模仿者”。他们经常对身体吸引力很看重，表现做作的行为，严重的时候装腔作势，以引起别人的注意。他们具有极强的暗示性与幻想性，看重自己心中既定的公式，强迫自己执行，并且带有很强的暗示性。这类人喜欢幻想，往往把想象当做现实，当缺少足够的现实刺激时，就往往利用幻想来激发内心的情绪体验。同时，他们情绪变化大而且狭隘，感情十分敏锐，情感极其丰富，热情有余却稳定不足；情绪炽热却不深，所以他们的情感变化无常，经常激情失衡。对于很小的刺激，就会有情绪激动的反应。他们嫉妒心强烈，甚至把父母、兄弟都看成敌人。

引起神经质的原因有两个方面：

第一，性格的原因。

在日常生活中，“神经质”常常产生于一些性格内向、心胸不够宽广的人身上，他们天生就敏感、多疑、脆弱，一点小刺激就会接受不了，引起比常人更强的反应，容易激动，紧张焦虑，怕受伤害，求胜的欲望特别强。另外，神经质倾向的神经类型还有不灵活的特点，比较固执，喜欢钻牛角尖。家长的教育方式对子女的神经质倾向也有很大的影响。例如：家长对子女动不动就责骂，不讲民主，容易使子女时刻担惊受怕，久而久之，形成爱紧张、担心和焦虑的个性特点。同时，在这种父母比较武断的家庭中，子女在斥责中总会觉得自己处处不行，自卑感主导了他们的思维。

第二，后天的境遇。

即使有良好的境遇，养育条件也很适当，他们总是爱凭借“想当然”去看待周围一切的事物，结果到最后心里总有难解的一团乱麻；也有一些人因为追求成功的愿望太迫切，导致他们对人和事太过于敏感，过分看重别人对自己的评价，将一些鸡毛蒜皮的小事放在心里，患得患失、斤斤计较，使他们不堪负累。导致他们越来越敏感，到最后形成一种心理疾病。

凡事都要讲究一个度，过于敏感是一种不良的心理特质，如不加以克服，不仅会影响工作、学习，还会影响身心健康，造成人际关系紧张。

要克服“神经质”，就要遵循以下几点：

第一，不要妄加推测别人的评价。在日常生活中，要用平常的心态和信任的眼光看待周围的人与事；不要大惊小怪，不要认为别人总在时时刻刻地注意你，不要认为别人要和你作对，不要小题大做，别把自己幻想出来的感觉当成现实，别一直给自己心理压力，保持平常心。

第二，学会与人为善。俗话说“人前留一线，日后好想见”，凡事对别人多一点宽容，学会与人和睦相处，多看看别人的优点，少看别人的缺点。如果你想要得到别人的尊重和信任，就不要对别人太过挑剔，学会包容别人的不好，那样你才会受人欢迎，才会开心。与这样的你在一起，周围的人也感到轻松自在。

第三，期望值要适度。在做每一件事前，要把各种不利因素充分考虑进去，不要把目标、期望值定得过高，要把大目标一点一点地分成一个个小目标，落实到位。记得要留有一定的余地。如果把期望值定得过高，达不到的时候更多的是失落和不相信自己，所以要懂得量力而行。

第四，心胸要宽广。不管遇到什么样的事情，都应该乐观、大度一些。一个人如果想要成就事业，就必须具有宽宏大量的风度和修养，一个小肚鸡肠、吹毛求疵、对任何事情都过于敏感的和过分计较的人，不仅不会受到别人的欢迎，还会每天将自己陷在琐碎的小事之中疲惫不堪，试问，这样的人怎么可能有精力再去干一番事业呢？

敏感是焦虑与恐惧的罪魁祸首

李卿是一个特别敏感的人，每次李洋和他出去，总是会弄得很紧张。如果稍微走开一下，他都会很生气，好像要抛弃他一样，最后，两个人总是不欢而散，同时让李洋也很无语。有一次，两个人在街上逛街，李卿拉着李洋进了一家服装店，他要进试衣间试衣服，就让李洋站在门外，一直跟他说话，要是有一句话没有接上来，他就会生气，好不容易等到他试好出来，问他怎么样，他却由于服务员在身边不自在而悻悻离去。李洋很不理解他，因为在试这件衣服之前，知道他很喜欢这件衣服。后来，通过他的朋友，李洋才知道他患有焦虑和恐惧症，害怕一个人在试衣间里，害怕陌生人在他身边，到那一刻，李洋才明白，原来事情竟然是这样的。所以，后来只要跟他一起出去，李洋尽量不让他单独待在一边。

李卿的事情像极了《爱情魔发师》里女主角小贝的遭遇。由于小贝的妈妈在小贝很小的时候，忍受不了贫穷的日子而把小贝关在阁楼里，并剪掉自己的头发后，离家出走，从此再也没有回来。从那以后，只要小贝被关在密闭空间里就会害怕，因为她总能在密闭的空间里看到黑色的东西乱跑。

心理分析学家穆萨·纳巴提的建议是：不要向极度焦虑的人证明危险不存在。“承认他说的并非无稽之谈。告诉他，他当然有可能被撞得粉身碎骨；他的孩子有可能成为罪犯；爱上一个人之后，他有可能会因未来的分别而痛苦……他说的也许都没错，但是这些并不一定会真正发生。而享受生活的唯一方法就是接受风险，也就是接受‘存在的悲剧性’。同时，不要煞费苦心地让焦虑的人安心，而要努力让他笑。一点儿幽默和嘲讽都能够有效地击退威胁。”

生活在快节奏的时代里，我们总是努力地满足自己物质上的要求，却往往忽略了我们的精神需求。所以，导致带有时代特色的心理疾病也越来越多。而造成这些心理疾病的主要原因就是敏感。“敏感”一词，对我们来说并不陌生，它能引发我们一系列的心理疾病。

而焦虑与恐惧的罪魁祸首就是敏感。

很多人总是害怕自己成了别人注意的中心。担心周围每个人都在看着自己，观察自己的每个小动作。害怕被介绍给陌生人，甚至害怕在公共场所进餐、喝饮料，尽可能回避去商场和进餐馆。不敢和老板、同事或任何人进行争论，捍卫自己的权利。

此外，还有人总是担心会在别人面前出丑，在参加任何社会聚会之前，都会感到极度焦虑，甚至会想象自己如何在别人面前出丑。当真的和别人在一起的时候，会感到更加不自然，甚至说不出一句话。当聚会结束以后，会一遍一遍地在脑子里重温刚才的镜头，回顾自己是如何处理每一个细节的，自己应该怎么做才正确。

焦虑症和恐惧症都有类似的躯体症状：口干、出汗、心跳剧烈、想上厕所。周围的人可能会看到的症状：红脸、口吃结巴、轻微颤抖。有时，呼吸急促，手脚冰凉。最严重的结果是，会进入惊恐状态。

在《爱呀幸福男女》采访袁咏仪的时候，袁咏仪自曝在生完小孩之后，半年的时间里，她看任何东西都不顺眼，总是待在自己的空间里，把所有的人都当成局外人，更严重的是差点就导致自己的婚姻破裂。其实，袁咏仪没那么恐怖，一旦自己的心理出现了症状，任何人都是一样的。

据调查发现，近年来二三线城市的人似乎也越来越焦虑和恐惧了，也许是因为微信、电商在一步一步地缩短小城市和一线城市之间的距离，人们也非常近距离地接触到一线城市人群的感受，比如愁堵车、出国旅游的、买 iPhone6 的，想把孩子送到一线城市出现的婴儿游泳馆，早教中心、国际学校、贵族学校，越来越觉得自己的钱不够花……而这些焦虑和恐惧不是别人赋予的，而是这个社会、这个时代。

被称为“精神分析社会学”奠基人之一的心理学家弗洛姆曾有一个著名观点：安全和自由不可兼得。过去的时代是安全、但不自由的时代——可选择的东西太少，人们心安理得；而现在的时代是自由、但不安全的时代。把这个理论放到目前的“重症时代”来看，似乎更有意味。

“走出来”的第一步，就是先“走进去”。也就是说，首先要承认自己的恐惧，并且承认因此而感到痛苦。聆听自己的感受，才能从中脱身。努力对自己诚实，因为正如心理学家米歇尔·勒儒尤强调的：“影响情绪的不可控因素有很多，看清自我，关键在于弄清楚那些因素是什么。”

“对于危险的过度焦虑和恐惧源于对现实的独特视角。”多看些资料以加深认识。这样能帮自己做出有益的让步。然后告诉自己，将自己等同于受害者并不能使人轻松。努力找回真正属于自己的位置，而不是将自己放在别人的位置上来考虑问题。

如果我们努力地去寻找，就会惊奇地发现我们每个人都拥有让自己愿望达成的能力，谁也不例外。不管现在的你认为自己多懦弱、处境多绝望，只要你有决心，肯坚持，就一定能到达幸福的彼岸。

过分敏感的人，都是“偏执狂”

在英特尔公司董事会主席安迪·格鲁夫抛出“只有偏执狂才能生存”的论调后，偏执狂似乎一夜之间变成了一个“高大上”的称谓，因为那些能将产品做到极致和趋近完美的人，似乎多少都有些偏执的特质。尤其是乔布斯的功成名就之后，一度被认为“偏执狂改变世界”。可是很多人忘了“偏执狂”本是一种久难治愈的精神疾病。

偏执狂是一种罕见的精神病，以逐渐发展的按逻辑构筑的系统化妄想为特征。最常见的是夸大、被害或有关躯体异常的妄想，不伴有幻觉或分裂症状的思维紊乱。

刘畅是一个很普通的男孩子，成绩优异，在学校期间一直是老师喜欢的好学生，在班级竞选班长的时候，很自信地参加竞选，但是班级里只有三个人投他的票，他很气愤，认为是班级里的同学嫉妒他的才能，所以联合起来不选他。上课时他爱顶撞老师，觉得老师的想法明明是错误的，可是老师反而说他的是错的，心里很不服气，对很多事情都只认自己的理，爱钻牛角尖。我行我素，认为自己比别人有能力和智慧，不愿意管别人的喜、怒、哀、乐，不愿意与人分享，朋友少，关系差，而且很容易将平常的事情解释为不符合实际情况的“阴谋”，很容易嫉妒和猜疑。

认为别人是不可靠的，自己却视自己是正直的、纯洁的、高贵的和脆弱的，易受到他人不公平的对待，别人是狡诈的、伪善的、别有企图的。因为担心自己会被别人以某种方式操控、贬低、侮辱、伤害等，所以他总是处于过度警惕的状态，时时提防别人的攻击，常断言自己已经被误解，故而表现出敌视、愤怒、控诉或攻击行为，是个典型的偏执狂。

刘畅因为自己的自信心受挫，从而变得异常敏感，过分在意别人的看法，从而丢弃了自己。后来在心理医生的帮助下，刘畅开始愿意和别人进行交流，病情也日益好转。

我们都曾遇到过这样的问题：当我们解答一个具体的学业难题时，当我们面对繁重的工作时，当我们追求美好的爱情时，很容易偏执地、长时间地纠缠某个问题或某个人。

其实，问题如果一时解决不了，那就暂时跳过去，回过头来等待适当的时机再去解决它；工作如果一时无法完成，那就静心列个计划表，化大为小，一步步完成；爱情如果一时没有如愿，那就笑一笑然后离开，继续寻找下一次的美丽邂逅。在我们整个人生事业中，要考虑到我们的生活背景和全面的人生内容，不能把自己变成一个机器，只知道做一件事，其余的看不见、不关心。

以前，看过这么一个故事：有一个渔夫，是出海打鱼的高手，可是他为人太过于敏感，而且还特别喜欢发誓，哪怕誓言完全不符合实际，也会将错就错下去。

一年春天，渔夫在市集上听说墨鱼的价格涨得越来越高，有朋友就告诉他，墨鱼现在价格高，很多人都会去打墨鱼的，物极必反，以后墨鱼价格定会大跌，让他不要全部打捞墨鱼，可是渔夫他偏偏不听，认为朋友是在糊弄他，而且自作聪明地发誓这次出海只打捞墨鱼。不凑巧的是，这次鱼汛所带来的都是螃蟹，连墨鱼的影子都没有，他只能空手而回。回到岸上后，他听人说现在市集上螃蟹的价格最高，这让渔夫懊悔不已，于是又发誓下次出海一定要全部捕捞螃蟹。

第二次出海，他的朋友又告诉他，让他别只注意螃蟹，可是渔夫哪能听他的话啊。渔夫把全部精力都放在螃蟹上，可事与愿违，这一次他遇到的竟然全是墨鱼，于是他又只能空手而回。晚上，渔夫躺在床上十分懊悔，于是他又发誓下次出海，不管是遇到螃蟹还是墨鱼，他全要捕捞。

第三次出海，渔夫严格地按照自己的誓言去捕捞，可不幸的是，这一次墨鱼和螃蟹他都没有见到，见到的只有一些马鲛鱼而已。于是，渔夫再一次空手而回。

后来，渔夫并没有等到第四次出海，他在饥寒交迫中死去了。

其实，造成这个悲惨的局面，就是由于渔夫自己过于偏执，听不进别人的劝慰，偏执地认为只有自己的看法才是最好的，从而使悲剧发生。其实我们生活中同样有这样的人存在，固执地坚持己见，把别人善意的劝告当成是恶意的中伤，从而造成很多不好的状况发生。

我们每个人都有轻微程度的偏执，其实这并不可怕，反而可以给人带来成功。社会上很多成功人士都具有偏执的特质，他们之所以能成功，是因为他们在做一件事情的时候，往往都是努力做到最好。偏执不是失去理智，对于自己喜欢但得不到的东西，很多时候放手需要的勇气更大。

敏感让你变成“小心眼儿”

一个敏感的人如同一个喜欢带着放大镜出门的人，总是将很小的事情无限放大。比如吃饭时，别人说没带钱包，他可能就认为对方是故意宰他。当这种情绪一旦影响到他，久而久之，他就可能变成了一个“常常不带钱”吃饭的人。

这是一个很简单的例子。在生活中，很多人都知道“吃亏是福”的道理，但真正打心眼里认同的还是少数。人们都会在心底盘算着很多事情的得失。长此以往，这种人就会变成别人口中所说的“小心眼儿”。当然，“小心眼儿”不光只是针对钱财和利益，有时候也关乎一时之“气”。

网络上有这样一个真实的新闻报道。

张某在一家四星级酒店做管理。有一天，一名前台小姐接待两名男客人登记入住。她笑脸相迎，礼貌问候，结果男客人却说道：“你笑得这么开心，是你爸二婚呐，还是你妈改嫁了？”那女孩一时没反应过来，一旁的张某听到之后二话不说冲上去与人扭打了起来，他用顺手抄起的灭火器将其中一名男子的脑袋砸破。

后来警察赶到，了解了事情原委之后才知道，原来说“脏话”的这名男子本身并没有什么恶意，他经常跟朋友开这样的玩笑，这次他正准备跟对方解释，没想到半路杀出个程咬金，将自己打成重伤。

而张某当时太过冲动，认为对方说出这样的话就是在冒犯他的同事，而他平时最反感轻佻不得体的客人，所以一怒之下动了狠手。

“人之心胸，多欲则窄，寡欲则宽。”所谓“小心眼儿”“心眼窄”就是指心胸狭隘、气量小的人。像案例中的张某，明显就有些“小心眼儿”。小心眼性格的人感情脆弱、意志薄弱、办事刻板、谨小慎微，有时发展到吝啬、自我封闭的程度，这种人只听得好而听不得坏，只能接受成功而不能接受失败，受到一点委屈或碰到一点很小的得失便斤斤计较、耿耿于怀，生活中一点小小的失误就认为是莫大的失败、挫折，长时间寝食不安。在行为上表现为人际交往面窄，只同与自己一致或不超过自己的人交往，容不下那些与自己意见有分歧或比自己强的人。

但地球并不只是围着一个人转，心眼儿小的人因为心理特征成为一个不容于大众的人，因而，他便极易情绪不佳，无法结交更多知心的朋友。缺乏朋友之间的友谊与欢乐，交往需要得不到满足，内心苦闷、压抑、沮丧，感受不到人世间的温暖，看不到生活的美好，导致消沉、颓废；由于对周围人产生厌烦、鄙视或戒备心理，容易导致无中生有、无事生非、疑心重重，长此以往，自负、嫉妒、孤僻、猜疑等不良心态的逐渐积累，使原本狭隘的心胸更为狭隘，偏激的认识更为偏激，个性缺陷恶性膨胀，导致心理疾病的产生。

自古以来，狭隘向来是小人们的专有名词，它一直为人们所不齿。庞涓是狭隘的，他不愿孙膑胜于他，施加毒手，最后兵败身亡；周瑜是狭隘的，他不能容忍诸葛亮胜于他，百般暗算，最后被诸葛亮三气吐血而死；慈禧下棋，别人吃他一马，她杀对方一家，死后为人们所辱骂……这都是有了狭隘之心的结果。

王霞是一个公司的主管人员，为人性格死板，有些敏感，在管理员工上有些“铁面无私”，常常被同事背地里称为“不通情面的女人”。王霞在工作上要求的确是很严格的，她的职位和性格决定了她就是不一样，要永远地压在别人的头上。

有一次，公司的小李因为库房的钥匙丢失，受到了公司的处分。王霞知道了这件事，狠狠地批评了小李。因为小李是自己组的员工，王霞觉得小李之所以弄丢了钥匙，一定是平时自己对他太严格，导致他间接地报复自己。于是她狠狠地训斥了小李，还扣除了他日常工作的奖金。

面对王霞的严格，小组人员背地里都开始议论纷纷，王霞听到了统计员小王的呼声最高。心里面想着“这小子一定是和小李串通一气，想要把我拉下马，我一定不能让他好过。”

有一次，小王的老婆进了医院，小王找王霞请假，结果王霞却认为小王不想满勤，这样能够让王霞在奖金上面也受到惩罚。为此，她心情十分不爽，便揪住小王的请假行为不放，开始大肆地批评他，而且还有一些很过激的语言。

王霞的表现遭到了全组员工的愤慨，大家一致觉得小王请假是因为妻子进医院生孩子。这个理由十分的能够理解，但是王霞因为小王曾经对她有非议，便揪住不放，实在是太小心眼儿了。

全组人员的反抗呼声引起了老总的注意，最后王霞受到了老总的批评，并给予了降职处分，王霞也因为自己的过度敏感而导致了事业上的创伤。

敏感会导致一个人的小心眼儿，而一个小心眼儿的人无论是在人际交往当中，还是在工作当中，都必定是一个喜欢“斤斤计较”“睚眦必报”的人，这种生活态度和行事作风所带来的后果是不言自明的。我们虽然都只是一个普通人，无法做到伟人的那种宽怀和大度，但我们作为一个普通人，难道连最基本的“宽怀”都做不到吗？放下心中的一些成见，放下心中的一些计较，这样我们才能过得更好。

敏感，就会生活在过去的痛苦中不能自拔

心理学家曾经做过这样一个调查，他们找到100个调查对象，其中50人是认为自己一点都不敏感的人；而另外50人则是认为自己比较敏感的人。这个调查只有一个问题：“你喜欢回忆过去吗？”

调查结果出来之后，心理学家发现，50个认为自己不敏感的人当中，只有5人觉得自己比较喜欢回忆过去；而另50个认为自己比较敏感的人当中却有48个人觉得自己喜欢回忆。

后来心理学家把这称之为“敏感效应”，也就是说，一个敏感的人，一定是对细节比较在意的人，所以，他们能够很好地记住过去的一些事。

但能清晰地记住过去的事情就一定是一件好事儿吗？我们都知道，回忆有幸福的也有痛苦的，幸福的回忆当然是甜蜜的，但痛苦的回忆呢？

对此，著名作家张爱玲曾经说过：“过去的一页不要再翻，翻落了灰尘会迷了双眼。”因为痛苦的回忆就像伤口，有的人会扒开自己的伤口让别人看，而有的人会静静躺在角落里舔舐。

无论是给别人看伤口还是自己舔舐伤口，都会感动痛楚。

就如电视剧《步步惊心》的女主角若曦从现代“穿越”到清朝。她知道每个人的结局，却唯独不知道自己的结局。她忘不了学过的历史，把自己放在一个能预知未来却又不敢面对的位置，最终抑郁而死。若是她“穿越”之时便除去所有的记忆，她就能痛痛快快随着自己的心去大胆爱一回了。

在过去的时光里，在我们的记忆里，我想都有些难启齿的糗事，甚至是阴影。我们没有必要把这些不愉快的记忆翻出来反复品尝，应该看得淡然点，让这些不愉快的记忆随风消散，好好地过好我们眼下的生活。

所以，有时候我们要尽量劝慰自己：过去没有任何事情发生，未来也不会发生任何事情，所有的事情都会发生在当下。

当下有陪伴你左右的亲人，有可以为之奋斗的工作，有可以实实在在握在手里的资源。而早晚有一天，你现在所拥有的一切也会成为过去，那个时候你若仍旧沉浸在过去式里，那么你为何不现在就抓紧当下，珍惜此刻呢？何必又把心思过多地关注于过去，被过去所困扰呢？

很多人都知道张学良与赵四小姐的故事，但却少有人知道赵四小姐的嫂子吴靖的故事。

赵四小姐的嫂子吴靖是个大家闺秀，天津吴家大院的后代，外公是上海的传奇人物严筱舫。现年逾耄耋的老太太仍住在上海的小洋楼里。每天早起看书读报，头发梳得一丝不乱，说起话来声如洪钟。吴靖出自名门望族，经历了民国、内战、新中国成立、“文化大革命”，在这社会动荡时期她必定会遭遇到很多不愉快、不公平的事情。但吴靖如今儿孙满堂，生活悠哉，问她为什么会长寿，她会告诉你：“把不愉快的事情忘记！”

“有花堪折直须折，莫待无花空折枝。”这是唐诗《金缕衣》中的诗句，它就是在告诉我们莫负好时光。“弃我去者，昨日之日不可留。”生命短暂的只是一瞬间，烟花尚且懂得抓住当前展现最美的自己，我们有什么理由沉浸在过去而忽略现在？过去算什么，未来又是什么？生命只在当下，活在此时此刻才是真正的生活，才能活出自己，活出快乐。

闭上眼睛，聆听自己的心声，你是在追忆过去还是在想象未来或者是在想此刻的自己要干些什么？有些时候我们总是在抱怨时间过得快，或者是以前不懂得珍惜。殊不知我们在抱怨的时候正在失去刚刚得到的。

那么，对于过去发生的，而不可改变的事实，我们能做到的就是不理不想，为的就是不影响现在的生活状态。我们不要为过去的事情而影响现在，也不要因为过去而产生烦恼，有那时间，莫不如把精力放在现在，解决现在手头上的事情。

唯有活在当下，按照自己的本性生活，才能增大未来美好愿景的概率，从而使生活按照我们所期望的那样发展。生活给我们安排的一切都是有道理的，包括那些暂时看上去不那么令人愉快的事情。

一个敏感的人往往无法全身心投入到现实的生活当中，纠结于过去的种种包袱，迷茫于以后的种种未知。其实人生的意义就在眼前，生命的喜悦俯拾皆是，活在当下也是一种豁达坦然的人生态度，在顺境中学会珍惜与感恩，在逆境中学会忍耐与包容，过一个充实的人生。活在当下是一种清醒现实的生活态度，生命变化太快，每一秒的我们都不尽相同，正是由于这种不能控制的不确定性，更显得现在此刻的重要性与价值性。只有今天才是我们唯一可以把握、可以改变、可以用来超越对手和超越自己的一天。

所以，不要太过于敏感自己的过去，我们要学会忘记或者是淡然看待往事中的不愉快，重振精神，甩甩头，把痛苦的过去抛之脑后，着眼于现在，我们很快就会发现幸福和快乐其实很简单。

生活有进退，输什么也别输心情

在我们身边总有这样一些人，他们做事雷厉风行，工作有成，每天忙忙碌碌，效率也非常高。但这样的人也有一个缺点，那就是他们太过追求“前进”，往往不能够“退一步”去思考。遇到突发事件，总是火急火燎地，他们走得快，车也开得快，说话快，脾气急躁易发怒。

这种人时刻处于高压状态下，而他们中有很多人也被认为是最没有“好心情”的人。一个敏感的人，太过执念于完美，所以往往难以获得良好的心情。

有这样一个笑话：一只急性子的小熊新买了一台电视机，它请憨厚的小马驹帮忙搬回家。他们俩高高兴兴地打开电视，准备看自己喜欢的节目。但打开电视机后，他们发现荧屏上出现的却是纷纷扬扬的雪花。小熊冲到电视机前又拍又撞，想把电视机弄好，但屏幕上还是纷纷扬扬的雪花。最后小熊非常生气，觉得自己刚买的电视机就坏了，也没了看电视的心情，它对小马驹说："真倒霉，刚买的电视就是坏的，送给你了！"小马高兴地跳起来，连声说谢谢。就在这时，荧屏上的雪花不见了，一位主持人出现在屏幕当中，他欣喜地说："各位观众，好大的一场雪啊……"

有句话叫：容易急躁和生气的人没有智商。一个容易急躁的人处理事情往往不分场合，总是盲目地处理在自己眼中认为特别重要的事情，其实这些事情在你看来是重要的，可在别人眼中却不值一提。当急躁、盲目处理这些事情的时候势必会妨碍到其他人，那么给人的印象就是太莽撞了。急躁的性格一点好处也没有，一急就慌，一慌就乱，一乱就坏，在慌乱中往往丢三落四，顾东不顾西。其实有些事你再怎么着急，事情也不会因为急而改变，倒只是会使自己的心情变得更糟糕。

生活中的许多事情，并不是急就一定会有好的结果和发展。我们常说中庸之道，所谓中庸，中是中间，庸取用，庚字头则是更事的意思，这就是告诉我们：遇到任何事不着急，不急于求成，不赶忙，也不耽误，处理应对，不走极端，平平和和，扎扎实实，泰然处之，对人对己都有益处。

办公室小李是有名的"慢性子"，用别人的话讲是"火上房了，小李都不会急的"。

一次，省里领导要搞突击检查，一周后开始。小李单位的领导开会给大家布置增加材料的任务，大家都抱怨时间太紧，任务繁重，一个个心情都变糟了，这个说自己的假期被打乱了，那个说自己约好的聚会泡汤了。只有小李一脸平静，不着急也不生气，他悠闲地说："这事儿也不是我们能够改变的，就算过不了检查，咱也不能失掉好心情了。”

单位里每个人都开始忙了起来，连走路都提了速，一边补材料，一边嘴里抱怨领导，怨气冲天。唯独小李不紧不慢，有条不紊地保持着以往的工作方式和习惯。转眼到了交材料时间，这时，有人发现自己的材料日期写错了，有人又发现自己的内容不够充实。只有小李交上的材料是最完整，质量最好的，他慢条斯理，得意地说：“告诉你们不能生气不能着急吧，带着气去做事情当然会出错。”

其实，时间永不会变，“生气”不能增加时间，只会增加人心的焦灼感，而无法沉稳地完成工作，反而会导致工作和生活频频出乱。相反，“喜悦”不会扰乱心的节奏，会有助于个人沉稳地、有序地进行着工作。在两种不同的心态、状态下工作，结果当然不一样。

纵观古今中外，每个成功人士，遇到的困境，遇到的风险，遇到的痛苦，都比常人多，他们之所以能成功，因为他们能够遇事不惊，在任何事情面前，即使是面临失败，他们也会用一颗乐观开朗的心去面对。

秦末，楚汉两军在广武山对峙，汉军断绝了项羽的粮食，项羽窘迫无奈，就将刘邦父亲太公放在一个专门装盛牛羊等祭品的高大祭器上作为人质要挟他说：“如果你不答应我的条件与要求，我就把你的父亲煮了吃掉。”刘邦不仅不急，反而嬉皮笑脸地说道：“当初起兵反秦时，咱们俩曾一起受命于楚怀王，并结拜为兄弟。照这么说来，我的父亲就是你的父亲，如果你烹煮你父亲的话，请别忘了分一杯鲜汤给我喝喝。”

当然，刘邦的这番话明显是有备而来的，他料定项羽只是为了让自己变得气馁、心情糟糕。所以，他反而以一种“无所谓”的姿态面对，因为他深知，作为领头人，如果他在面对这种情况时表现得太过糟糕，那么手下的人也一定会大受影响。

遇变不惊，遇败不馁，才不会惊慌失措。人生很多时候会出现很多新问题、新变化，特别是在这个加速前进的社会，有着太多的不确定和难预测的事情，当我们每个人突然遇到自己未曾预料的坏情况时，往往会感觉到心乱，不知道到底该怎么办，更有甚者，会采取一些不理智的方式。然而，真正做大事业者，必须要能够做到处变不惊，能够理智分析新变化的原因，反思过去，做好下一步工作。

遇险不惊，才不会消沉堕落，才不会让自己的心情变得糟糕。在生活中，每个人都不想因为遇到自己无法解决的困难，而陷入困境，但恰恰在我们生活和工作中或多或少，或大或小会遇到各种各样的困难和危险。而有的人正是通过克服一个个的困难走向成功，有的人则被困难击溃信心和事业。我们一定要明白，生活有进有退，不是所有的时候我们都能够一帆风顺。所以，保持一份淡定从容的心态，修炼自己的性格，保持一份好心情是最重要的。

掌控情绪，才能祛除内在的负能量

假如你花了1000块钱参加一个健身俱乐部，同时可以在一年内免费试用俱乐部的所有健身器材，但令你没有想到的是，刚做了三个星期的训练，你就不幸韧带拉伤，不得不去医院治疗。

医生检查完之后告诉你，伤势比较严重，一年之内最好是不要做过量的运动。

这个时候，你可能会陷入两难的境地，如果放弃去健身，那么1000块钱算是白花了，肯定会很心疼，但是如果继续坚持下去吧，韧带拉伤可能会变得更严重，对身体极为不好。

其实，类似这样的选择总会发生。在经济学当中，这种损耗被称之为“沉没成本”。

所谓的沉没成本指的是由于过去的决策已经发生了的，而不能由现在或将来的任何决策改变的成本。

在经济学当中，沉没成本产生的原因有以下几点：

1. 策划或决策失误。

2. 前期调研、评估、论证工作准备不足，造成中途出问题而无法进行下去。

3. 有良好的策划、计划，但执行中偏离轨道，造成事与愿违。

4. 执行中发现存在问题，但没有及时调整策略、方案而是一意孤行。

5. 危机处理能力不足或措施不当，使事态扩大及蔓延。

细心比对一下，我们会发现，其实不光在经济学当中，沉没成本在生活和工作当中也非常常见。

有太多的人会因为自己一时的过错而自怨自艾，以至于耽误了去做自己其他的事情。这种心态就好比是一个人花高价买了一双漂亮的鞋子，结果没穿两天却发现鞋子虽然好看，但穿着它走路却有些硌脚。此时，如果选择继续在这双鞋子上面纠结，不甘心自己花的钱打了水漂，那结果只能是比“脚不舒服”更严重。这便是负能量的连锁反应，由于缺乏情绪控制能力，负能量泛滥，所以才会导致更严重的后果。

在现实生活中，很多人可能会选择继续穿着那双鞋子，因为人们会觉得，既然花了那么多的钱，那就应该让自己感觉值得。因为鞋子穿着有些硌人就丢掉，很多人都难以做到。

这就是心理学上的“沉没成本”，与经济学上的理论大同小异。

心理学家布劳克纳认为，由于人们总是存在自我申辩的倾向，不愿承认自己之前的决定是错误的，所以总是很难否定自己，总想着与先前的选择保持一致；另外他还给出了一种解释，人在遭遇沉没成本时，会由于之前产生了损失，而产生一种想弥补损失的愿望，这种愿望往往会让人继续之前的做法，而这种“将错就错”只会让情况变得更加糟糕。

其实，当遭遇麻烦时，每个人心中都会有一些负能量。假如这种麻烦能够被解决，负能量或许就能够消失。但假如这种麻烦无法得到合理的解决，那么这种负能量就会蔓延，成为一种“病毒”。所以，想要远离负能量，就要学会掌控自己的情绪。

一位成功的商人在谈到自己成功的秘诀时对来访者这样说道：“我的秘诀很简单，第一条是坚持，第二条还是坚持，第三条还是坚持。”

来访者心里暗暗发笑，这么俗气的回答他已经听了很多遍了，没什么新意。可没想到，这位商人在停顿了一下之后又说了一句：“还有第四条，那就是放弃。”

看到对方眼中的疑惑，商人解释说：“如果你确实努力了，而且已经到了无以复加的程度，事情仍然没有成功，那么你就必须弄清楚，关键问题可能并不是你的努力不够，而是你努力的方向不对或者是能力不足。在这个时候，最明智的选择不是继续坚持下去，而是勇敢地放弃。”

来访者恍然大悟。

其实，人生就是一个充满坚持和放弃的过程。碰到值得坚持、自己能够搞定的事情，就一定要坚持下去。而一旦我们陷入某种瓶颈的时候，一定要想想问题是不是出在“坚持”上了。

但值得注意的是，我们所说的放弃并非一碰到难题或者是看似难以挽回的事情就撒手不管了，而是要找准时机，搞清楚问题是否在该放弃的范畴之内。

比如说，一件工作通过努力就可以完成，那么我们就必须坚持，而一旦我们碰到一件无论如何都无法完成的难题时，就不能纠结于已经投入进去的时间和精力成本，而是要考虑为自己节省更多的成本，不要再做过多的纠结。

其实，人生当中有很多无法改变或者无法完成的任务，与其为此烦恼，倒不如让自己开心一点，看开一点，何不潇洒放弃呢？要知道，在我们无法解决麻烦时，放弃的其实是心中的负能量，而得到的却是开心和快乐。

第四章
DI SI ZHANG

你没那么多观众，干吗活得那么累

人生不是一场表演秀，很多时候，表演者和观众同为一人——也就是我们自己。有人说，敏感的人无法获得想要的幸福，因为太在乎。太在乎别人的看法，所以没有了自己的想法，太在乎自己的感受，于是又忘了别人的感受。生活不是拍电影，我们也不是主角，何必将自己置于千万人的眼光之下。其实，只要尝试着放低自己的位置，卸下脸上伪装的面具，我们就可以活出真实的自我。

别把自己太当回事，你没有想象中的那么重要

“也许他不想破坏我们的友谊。”

“也许他害羞。”“也许他自卑。”

“也许他只是不知道怎么联络我。”

以上是美国电影《他其实没那么喜欢你》中的一段台词。电影的开头十分有趣，从非洲原始部落的土著妇女，到纽约高档餐厅里的白领女子，从体形臃肿的中年大妈，到身材苗条的妙龄少女，几乎所有的女人都在问同一个问题：为什么他没有给我打电话？

女人和男人约完会后，彼此都留下了对方的联系方式，女人们一心盼着男人主动打电话给自己，可左等右等，电话都快被自己盯穿了，男人们还是毫无动静。每当遇到这种情况，身边的死党好友都会为“失踪”的男人想尽各种理由，目的就是为了安慰那个失魂落魄的女人。

比如，“只因为他太爱你了，你是这么漂亮又如此迷人。”“我肯定他只是弄丢了你的号码。”“他不敢约你出去，是因为他被你成功的事业吓到了。”“他不约你，是被你丰富的情感经历吓到了！”“相信我，这只是因为他刚结束一段刻骨铭心的感情。”“相信我，这是因为他从未有过一段刻骨铭心的感情。”“他可能忘了你住哪间茅舍，或是被狮子吃掉了。”

死党们为男人的不联络找的理由可以说是千奇百怪，在她们的安慰下，当事者渐渐地不再感到失落，她们似乎真的以为，男人之所以不来找自己，一定是有其难言之隐，于是乎，就有了本文开头的那一段台词。

然而，事实真的如此吗？我们都知道，女友们说那些话，其实只是想赶快让自己的好姐妹笑起来，至于真实的答案究竟是什么，她们才顾不了那么多。

香港著名男演员梁朝伟曾说："男人如果爱你，那你一定会感觉到的。"换言之，如果一个男人不主动联系你，不给你打电话，那基本就意味着他其实没那么喜欢你。可悲的是，女人们总是不愿意承认这个事实，她们永远都在自作多情。

说到底，这还是因为在两性关系中，女人太把自己当回事了。当一个人自视甚高时，往往就会觉得自己在别人的眼里独具魅力，别人巴不得每时每刻都和自己黏在一块。可俗话说得好，登高必跌重，我们越是将自己置于高位，一旦失足摔下来，那种疼痛也越是剧烈。

此外，一个把自己看得太重要的人，通常比一般人都要活得更辛苦一点。因为他们总将自己看成是一个在舞台上演出的耀眼明星，台下那么多观众，他们生怕自己干出什么出丑的事儿，最后影响自己在他人眼中的完美形象。

这种人的性格往往比较敏感，平时走在路上，都会特别注重自己的穿着打扮和言行举止，仿佛所有的行人都在盯着他们看。有时候，别人只不过无意瞟了他们一眼，他们都会感到惊慌失措，恨不得立马站在穿衣镜前，仔细审视自己的妆容和行头，唯有确定一切都安然无恙后，他们那颗紧绷的心才能彻底放松下来。

其实，这种感觉和玩空间、朋友圈有些类似。很多人喜欢在QQ空间和朋友圈分享自己的日常生活动态，比如，昨天去哪儿玩了，今天吃什么了。除此之外，还有的人则喜欢在上面秀恩爱，比如，男友给我买什么了……总而言之，不管做了什么，他们统统都要在第一时间发到空间和朋友圈去，这种迫切的举动，似乎是在昭告天下：有很多粉丝渴望知道我的一举一动呢！

如果有很多朋友点赞或是评论也就罢了，可偏偏有时候一点反应也没有，自己传上去的动态压根无人问津，这可把他们急坏了，整日心慌意乱，如坐针毡，心想朋友们是不是不喜欢我了？假若连平时最要好的朋友都没有来为自己点赞或评论，他们的内心估计又要上演一场极度激烈的自我对话了。

心理学研究发现，人们在照镜子时大脑会自动进行脑补，所以镜子中的你大概比真实长相好看 30%，也就是说，实际上，你真实的长相比你自我感觉上的要丑 30% 左右，专家表示，这就是为什么很多人照相时感觉不像平时的自己的原因。

从这个心理学研究中，我们可以得出一个结论，那就是每个人都是自恋的。敏感的人则是自恋又自卑，或者更确切地讲，他们的自卑，其实是一种变相的自恋。正是因为他们把自己太当回事了，才高估了自己在别人心目中的地位，误以为自己的一言一行都能对对方产生巨大的影响。

张雨在单位是出了名的“老好人”，很多同事都喜欢找她帮忙，她也从来没有对任何一个人说过一个“不”字。有一天，张雨的小孩生病住进了医院，她准备下班后直接去医院照顾小孩。

哪知，就在快要下班的时候，同事王姐突然找她帮忙：“小张，麻烦你帮我把这份报告润色一下，我有急事要先走一会。”

张雨心想，平时王姐对我不错，这次我要是拒绝她，她肯定会生我的气。于是，她不顾还在住院的孩子，爽快地接下王姐的活儿。

等她工作完赶到医院时，孩子已经睡着了，丈夫一脸埋怨地看着她，责怪她不关心小孩，为此，两个人大吵了一架，最后还把病床上的小孩给吵醒了。

第二天，张雨才从别的同事口中得知，王姐昨天是和朋友逛街去了。

这个故事告诉我们，你永远没有自己想象中的那么重要，在许多不相干的人的眼里，我们只不过是路人甲乙丙丁罢了。在人生的舞台上，每个人都渴望当主角，每个人都渴望站在灯光下供人吹捧神化，可这种美好的愿景终归是一戳即破的肥皂泡泡，所有的自作多情都将化作一记响亮的耳光，毫不留情地朝我们迎面扇来。

太在意别人的眼光，就会丢掉真实的自己

在宋丹丹和雷恪生主演的小品《懒汉相亲》里，村长做媒，给村里的资深懒汉潘富（雷恪生饰演）介绍了一个对象魏淑芬（宋丹丹饰演）。在相亲的那天，魏淑芬口口声声都是“俺娘说”，比如，俺娘说了，女儿大了要出门，要找找个勤快人；俺娘说了，有些人胡扯八扯当本事，牢骚坏话烦死人；俺娘说了，要皮球睡懒觉，这样的男人可不能要……

她每说一个“俺娘说了”，懒汉潘富的脚就疲软一分，这还相什么亲呢？魏淑芬完全是按照她娘的指示来挑选伴侣，她娘说的那些不能要的男人，正好条条都戳中了潘富的软肋。可以想见的是，这场相亲绝对不可能开花结果。

放眼现在，我们身边还有不少像魏淑芬那样的人，他们不管说什么话，做什么事儿，全部依仗别人的眼光和观念，自己一点主见都没有。人云亦云，随波逐流就是他们固有的生活方式，你要是问他们为什么要活得那么毫无个性，他们给你的回答通常是：别人都是那么过的啊！

别人是怎么过的，难道就代表我们也要怎么过吗？有这种想法的人多半还是因为自身太过敏感，内心不够强大吧！他们在别人的眼光和自己的梦想间权衡再三，最终决定抛弃自己的梦想，选择和大多数人为伍。因为只有这样，他们才能避免和强硬的世俗对抗，才能避免和大多数人的生活方式背道而驰。

其实说白了，他们的内心都住着一个敏感怯懦的孩子，这个孩子特别看重别人的意见，特别在乎自己是不是和别人一样有着同样的羽毛。他们就好像别人手中的橡皮泥，即便他们心仪的形状是一只蝴蝶，但是如果别人想把他们捏成一只蜻蜓，他们最后也不会发出任何反对的声音。久而久之，他们将彻底遗失真实的自己，活出来的生命状态也将毫无色

彩，毫无惊喜可言。

哲学家苏格拉底曾给自己的学生上过一堂别开生面的课，他大力提倡“不盲信”教育，注重培养学生的个性，希望学生在别人说的话面前，摒除人云亦云的心理陋习，从而活出精彩的真实自我。

有一天，苏格拉底在给学生们上课的时候，突然从口袋里掏出一个苹果，大声地对他们说道：“请大家先用心闻一闻空气中的味道，然后再告诉我你们闻到了什么？”

话音刚落，很快就有一位学生举手回答说：“老师，我闻到了苹果的香味。”苏格拉底点了点头，立刻拿着苹果走下讲台，慢慢地从每位学生的身旁走过。他一边走，一边要求学生仔细地闻一闻，空气中是否有苹果的香味。

等苏格拉底回到讲台后，他又重复了一遍刚才的问题。这个时候，除了一个学生外，教室里所有的学生都举起了手，纷纷表示自己在空气中闻到了苹果的香味。

于是，苏格拉底笑着问那位唯一没有举手的学生：“同学，你难道真的什么气味也没有闻到吗？”那位学生眼神笃定，毫不犹豫地说道：“我真的什么气味也没有闻到！”

听到这位学生充满肯定的回答，苏格拉底感到十分的欣慰。最后，他向全班学生高声宣布道：“这位同学是对的，空气中根本没有苹果的香味，因为我手中的这个苹果是假的！”

这位得到苏格拉底赞赏的学生，就是后来大名鼎鼎的哲学家柏拉图。从这个小故事里，我们可以清楚地看到，柏拉图是全班学生中唯一一个遵从自己的内心，不被别人的话迷惑的人。当身边的同学们众口一致，都说自己在空气中闻到了苹果的香味时，柏拉图却给出了不一样的答案。

由此可见，太在意别人眼光的人，很容易犯下人云亦云的低级错误，最后在一次又一次的随波逐流中，渐渐丢失了自己最真实的模样。不可否认，紧随他人确实是最安全的生活方式，但你可知接踵而来的代价又是什么呢？我们会活在别人的价值观里，他们随时都能用自己的秤来评判我们的生活，从此幸福与否，不再由我们说了算。仔细想想，相信很多人都会有一种背脊发凉的感觉。

在娱乐圈，很多女明星都热衷于整容，表面上看，是希望自己变得更漂亮一点，从而提高自己的自信心，毕竟容貌是天生的，“丑小鸭”只能借由手术让自己变成“白天鹅”。而实际上，她们只不过是为了能博得更多人的喜爱和好感，人们喜欢大眼睛，她们就跑去开眼角、割双眼皮，人们喜欢瓜子脸，她们又奔去磨腮帮、削颧骨。

最后，娱乐圈的女明星都是清一色的锥子脸、双眼皮、大眼睛，让人看得眼花缭乱，几乎都分不清谁是谁了。有的女明星原本还长得挺俊俏，可整来整去，结果硬生生在迎合大众的口味下，整成了一个几级伤残。人算不如天算，就在女明星们美得如此雷同时，顶着一张方脸的超级女声李宇春，反倒脱颖而出，成了观众心目中的清纯佳人。

意大利文学家但丁在其代表作长诗《神曲》中说道：“走自己的路，让别人说去吧！”那么多年过去了，这句话依旧闪耀着真理的光芒。世界上的人有千万种，每个人都有着自己与众不同的个性、需求、兴趣爱好以及评判的标准，如果我们太在乎别人的眼光，那未来我们不仅会活得非常辛苦，还将彻底失去唯一一次做自己、活出真实自己的宝贵机会。

众口难调，你无法让所有人都满意

买过东西的人都知道，同一个牌子的食品基本都有着不同的口味，就拿很多人都喜欢吃的泡面来说，市面上最常见的有红烧牛肉味、老坛酸菜味、剁椒排骨味等。厂家为什么要生产出那么多不同口味的泡面呢？

相信这并不难理解，因为有的人喜欢这个口味，而有的人则偏好那个口味，厂家为了提高泡面的销量，只能让自己生产的泡面变得“品种多样”，好满足这难以调和的“悠悠众口”。

即便是这般费尽心思，厂家也仍是无法让所有人都爱上泡面，毕竟这世界上的人实在是太多了，任谁有三头六臂的高强本领，最终还是分身乏术，顾不过来。

而这一切，让人不由得想起来自印度的一个寓言故事。

从前，有一对父子在街上买了一头毛驴牵着回家。在回家的路上，他们遇见了一个跛子，跛子嘲笑道：“你们俩真蠢，有毛驴骑，干嘛还走路?”于是父亲叫儿子骑了上去，自己跟着走。走了没多一会，他们俩又遇见了一个老头，老头生气地说道：“年少的骑驴，让年老的跟着走，太不像话!”父亲听了，连忙叫儿子下去，自己骑了上去。

走着走着，被一个抱小孩的妇女看见了，便说：“做父亲的骑毛驴，倒叫儿子跟着走，心里怎么过得去?”父亲没办法，只好把儿子也拉上驴背，一同骑着走。这时候被一个白发苍苍的老奶奶看见了，便说：“小小的一头毛驴，哪儿能经得住两个人压呢？你们真是太狠心了!”父子俩认为言之有理，于是决定抬着毛驴走。当他们过一座桥时，毛驴因为不舒服，挣扎起来，结果连人带驴，通通掉到河里淹死了。

就这么短短的一段回家路，父子俩都没有安安全全地走完，归根结底，还是因为他们的内心太敏感，渴望所有人都对自己的言行举止表示认同，所以才会接二连三地被跛子、老头、妇女和老奶奶的话影响，一变再变，最后干出抬驴子回家的大蠢事，甚至还因此丢掉了自个儿的宝贵性命。

这虽然是一个比较极端的例子，可却是许多敏感之人内心的真实写照。在一切人际交往中，他们往往都擅长忍耐、娴于服从，喜欢迎合，缺乏主见，可以毫不夸张地说一句，他们的一言一行全部建立在别人的喜恶之上。别人喜欢的，他们才会去说，才会去做，而别人厌恶的，哪怕自己内心再怎么中意，他们也会割舍。

然而，如果所要迎合讨好的对象只是一人也就罢了，可他们偏偏就不知足，内心就像一个无底洞，贪念使得他们想要所有的人都为自己点赞。毫无疑问，这种希望注定是要落空的，谁都无法做到让所有人都满意，众口难调。

和普通人相比，敏感的人活得实在太累了，他们在迎合别人的过程中，无时无刻都在揣测着别人的情绪和想法，比如，我的话是不是惹他生气了，我这么做会让他满意吗，我们许久没联系了，他会不会觉得我不把他当朋友呢？许多凭空臆测出来的东西都被他们当做真实的烦恼。当普通人轻轻松松走完一段路时，他们还在路上沉溺于自己的满腹心事中，脚步越走越沉，心思越来越重，人也越来越焦虑、不安、抑郁，最后弄得自己身心皆累。

若想改变现状，敏感之人就必须从“奴仆”的角色中走出来，尝试着为自己而活，要知道，照顾别人的想法虽不是一件坏事，可过度为他人服务，未免就有些得不偿失，自寻烦恼了。

我们必须认清一个事实，别人不会因为我们的好，就会放弃对我们的品头论足，同理，别人也不会因为我们的“不好”，就对我们敬而远之。每个人都有不同的个性、兴趣爱好和生活方式，在别人身上找到相似的羽毛固然是一件值得高兴的事儿，可相互尊重彼此身上不同的色彩，才是让人际关系得以顺利进行的不二法宝。

在美剧《生活大爆炸》中有这样一个情节，佩妮和伯纳黛特因为工作的事儿起了纷争，她俩都向彼此共同的闺蜜艾米抱怨对方，佩妮说伯纳黛特对自己的工作插手太多，而伯纳黛特则说佩妮一点也不领自己的情。艾米插在中间，为了两边都不得罪，于是，当佩妮说伯纳黛特的不是时，她会跟着佩妮一起抱怨，而当伯纳黛特说佩妮的不对时，她又会跟着伯纳黛特一起发牢骚。

刚开始，艾米非常享受这种感觉，因为她觉得自己是三人中间唯一一个不被其他两人讨厌的人。可时间一长，她在应对两边的过程中，难免有些力不从心，为此闹出不少笑话。最后，当佩妮和伯纳黛特和好时，她终于松了一口气，这下，她再也不用一人分饰两角，忙得不可开交了。

一个人想要讨好两个人都那么困难，可见，一个人若想让所有人都满意压根儿就是天方夜谭。我们喜欢的别人未必喜欢，因为爱好不同；我们感受到的别人未必会有同感，因为经历不同；我们看到的别人未必看得明白，因为领悟不同；我们认为做得对的别人却认为是错的，因为立场不同。总而言之，众口难调，我们永远都无法让所有人满意，趁早明白这个事实，解脱就来得更快。

别让患得患失“断送”了你的幸福

对于人生，很多人都奉行“快乐哲学”，而哲学家叔本华却另辟蹊径，坚持认为人生的本质是“痛苦”，用他的话来形容，生命就是一团欲望，欲望不能满足便痛苦，满足便无聊，人生就在痛苦和无聊之间摇摆。

此话听着或许消极，可只要静下心来细细琢磨，便不难发现，叔本华的极致悲观里其实正在开出一朵悲悯且乐观的小花。只有认清了生活的本质，我们才能不自欺，不逃避，从而带着勇气和乐观继续脚下的路。因为生活不能比当下的处境更糟糕了，而我们每走一步，就离痛苦的谷底远一步。

由此可见，患得患失是一种非常浪费时间和精力的不必要情绪，而最好的心态，无非就是活在当下，或许说“活”还不够妥帖，应该是

"安然"，与古语"既来之，则安之"所要表达的意思别无二致。对此，《圣经》中有这么一句话正好能诠释这种心态，即"我们在世上是客旅，是寄居的"，活着就好似一个游览世间的旅客，我们居住的房子，不再是自己的私人财产，哪怕是山川河流，都不再是某国的领土。脱离了这种占有和被占用的关系后，再来审视我们的人生，我们会发现，庭前花开花落，天边云卷云舒是那样的美丽动人。

原来，我们的内心对于得失还有诸多计较，得不到的时候就在骚动不安，得到的时候又在惶恐担忧，时间如流水，我们的生命却像落花，还没来得及恣意绽放，就已匆匆凋谢。

说到这儿，不禁想起一个有关流浪汉和百万富翁的故事。

每天的同一时间，一辆豪华轿车总会穿过市区一个中心公园。这辆车的主人是一个百万富翁，细心的他注意到，一位衣衫褴褛的流浪汉每天上午都会坐在公园的长椅上，随着流浪汉的视线看去，百万富翁发现，他死死盯住的地方原来正是自己所下榻的那家旅馆。

终于，百万富翁按捺不住心中的好奇，有一天，他命令司机停车，自己径直走到那位流浪汉的跟前，问道："打扰一下，我不明白你为何每天都盯着那家旅馆看，里面有你非常挂念的人吗？"

流浪汉耸了耸肩，带着梦幻的语气回道："我身无分文，每天只能睡在这冰冷的长凳上，我做梦都想睡在那家旅馆里。"

百万富翁听了流浪汉的话，不由地心生同情，"我一定让你得偿所愿，今天晚上你就可以住进那家旅馆，我会为你支付一个月的房费。"

一个礼拜后，让百万富翁百思不得其解的是，他又在公园的同一张长凳上看见了流浪汉的身影。于是，他只好再次下车，飞快地走到流浪汉的面前："先生，你怎么有旅馆不住，又跑到这冷清的公园来了？"

"您有所不知，当我真正睡在旅馆时，我又开始做梦，梦到自己回到了冰凉的长凳上，我被这可怕的梦搅得心神不安，怎么睡也睡不好。"

说完，流浪汉又开始盯着不远处的那家旅馆看。

很多人觉得这不是一个故事，更像一个笑话。有这种感觉也很容易理解，水往低处流，人往高处走，前者是自然规律，后者是人生真理，人人都想睡在免费的舒适旅馆里，可偏偏这个流浪汉却身在福中不知福。其实，流浪汉并不是不想睡在旅馆里，事实刚好相反，他就是因为太想睡在旅馆里了，才会时刻担心下一秒自己是否会失去这份幸福。

这种忧虑和不安在他心中来回徘徊，阴魂不散，即便他的身体已经躺在了舒适的大床上，他的灵魂却得不到片刻的休息，这直接影响到了他的睡眠，最后吓得他只好再次回到冰冷的长凳上。

可以说，他原本可以拥有的幸福，被活生生扼杀在他内心敏感的摇篮中。一个敏感的人，几乎从不会笃信什么，他拥有四肢，却不相信四肢会永远健全；他拥有朋友，却不相信朋友会永远陪在身边；他吃着饭，却不相信饭不会噎到他；他喝着水，却不相信水不会呛到他……这种不确定感，让他自始至终都处于一种患得患失的状态，渴望拥有，同时又害怕失去，更确切地说，他在拥有的时候，不能尽情地享受当下的快乐和幸福，反而忧心忡忡，害怕失去已经拿在手的一切。

殊不知，人有悲欢离合，月有阴晴圆缺，人的一生，就像在荡秋千，总在高低之间来来去去，我们不停地在得到，也不停地在失去，什么时候承认这个事实，我们什么时候就能收获到内心真正的安宁。

敏感之人生性忧虑成患，说话做事前总要反复思考，力求万无一失，不受他人非议，如此瞻前顾后，畏首畏尾，等到他们开始行动时，机遇早已振翅而去。

因此保持一颗平常心，不管做什么事儿，敏感之人都要丢掉思想包袱，砸碎精神枷锁，走出患得患失的阴影，尽情活在当下。与此同时，敏感之人还要不断培养自己的承压能力，不求有泰山崩于前而面不改色的心态，但至少也要具备从风雨中走出来的勇气、信心和好心情。

让耳朵学着屏蔽“杂音”

在美国经典电影《教父》中，老教父对儿子迈克尔·柯里昂说，每个人只有一个命运。换言之，一个人一次不可能走两条路，而怎么样才能把脚下那条路走好，这是困扰很多人的一个难题。既然说是难题，那就意味着，走在这条路上，我们会遇到许多困难，而困难之一就是来自他人的“杂音”。

常言道，有江湖的地方就有是非，其实，有人的地方，是非就如一锅滚烫的热水，从来没有停止沸腾过。而所谓的是非，在某种程度上，就是对他人生活的指手画脚和瞎掺和。

如果一个人内心不够强大，那很容易就会被他人的言语影响，从而做出与内心的真实想法背道而驰的事情。这种事情不胜枚举，比如，一个喜欢单身的大龄未婚女青年，原本一个人生活得好好的，可家人、朋友、同事甚至是陌生人，不断地在她耳边说一个人孤独到老很可怕，没人照顾很可怜等，吓得她到处相亲找对象，匆匆结婚了事，最后却因夫妻性格不合而闹离婚。

这就是“杂音”带给一个人巨大的影响之一。

相信很多人都曾耳闻过“杂音”，生活在这个社会上，只要我们不是离群索居，隐居山林，总会有人摆出经验老到的过来人嘴脸对我们说教：“不听老人言，吃亏在眼前。”但是，每一个人必须明白的一点就是，即便是听取和采纳别人的意见，我们也要先对这些意见进行基本的梳理和思考，去其糟粕，取其精华，万万不可生搬硬套，成为任何人教条主义下的牺牲者，糊里糊涂地当了一个倒霉蛋。

敏感之人尤其要注意。因为有时候，善于听取他人的意见并不是一件坏事，别人的看法和经验确实能让我们少走一些弯路。然而，俗话说得好，“鞋子合适不合适，只有脚知道”，这句话真可谓是言简意赅。很多事情只有当我们亲自去尝试了，才知道这样做究竟适不适合自己。别人说过的话和走过的路未必是一剂包治百病的良方。

因此，面对七嘴八舌的纷乱场景时，我们要适时地让自己的耳朵学着屏蔽“杂音”。在这里，值得一提的是华为的老总任正非和老干妈的创始人陶华碧。

众所周知，华为和老干妈一直都没有上市，按理说，这两家企业要规模有规模，要口碑有口碑，要实力有实力，上市应该能为他们带来更多的利润，可他们为何却偏不走这条能迅速开辟疆土的捷径呢？要知道，很多中小型企业的领导者，可是连做梦都想着上市呢！

对此，华为老总任正非的态度是：猪养得太肥了，连哼哼声都没了。多么精准生动的一个比喻。在任正非看来，科技企业是靠人才推动的，公司过早上市，就会有一批人变成百万富翁、千万富翁，他们的工作激情就会衰退，这对华为不是好事，对员工本人也不见得是好事，华为会因此而增长缓慢，乃至于队伍涣散。员工年纪轻轻太有钱了，会变得懒惰，这对于他们个人的成长十分不利。

事实证明，他的观点是正确的，华为的日益强大，成功地堵住了旁观者不断发出上市呼声的嘴巴。

至于陶华碧，她之所以拒绝上市，一是因为上市可能会倾家荡产，二是因为她不想靠上市“骗”老百姓的钱。时至今日，老干妈依然在各大超市热卖，在美国还升级为“奢侈”的调味品，这一切足以证明，陶华碧的坚持是正确的，至少她让老干妈保持了良好的发展势头。

大至企业老总，下至平头百姓，如果内心过于敏感，前者必然做不好企业，后者必然过不好生活。这一点毋庸置疑，我们的耳朵里若是充斥了太多的“杂音”，又怎能心平气和地做出正确的决策？杂音太多，往往都要归结于我们的内心不够坚定，他人的三言两语就像接二连三的石头，一次又一次在我们的心湖激起波浪，最终影响我们的双腿，使之晃动不安，进而连累我们要走的路。

管理大师彼得·德鲁克曾意味深长地说道："只有偏执狂才能成功。"他所说的偏执，无外乎就是一个人对某事极强的专注力。专注力极强的人，往往都有着异于敏感之人的坚定，这种人即便身处人声鼎沸的闹市，也能静下心来，忘乎所以地读书写字。他们特别懂得如何让自己的耳朵屏蔽"杂音"，从而不受任何人言语的影响和干涉，专心致志地走在自己喜欢的道路上，颇有"一条道走到黑"的决心和毅力，这种人通常都活得特别精彩，不落俗套。

与之相比，敏感之人难以望其项背，但这并不代表敏感之人永远达不到这种境界，只要努力做出改变，谁都可以拥有让人惊艳的人生。

1. 面对问题，多尝试一个人去做选择。

2. 学会对自己的选择负责。

3. 多给自己加油鼓劲，提高自信心。

以上的三点，只要我们能在日后的生活和工作中多多地运用，总有一天，我们会感受到独自上路以及专心走路给身心带来的快乐。过往耳朵里的"杂音"太多，让我们看不清脚下的路，如今耳朵里传来的都是自己真实的心声，它能帮助我们拨开眼前的迷雾，找到清晰明了的方向。

弦，绷得太紧会断；人，思虑过度会疯

有一句成语叫"物极必反"，配上金庸在《书剑恩仇录》中的一句话"慧极必伤，情深不寿，强极则辱"来形容，实在再恰当不过了。凡

事都有一个度，度的末端是万丈悬崖，喜欢走极端的人，特别容易失控，最后失足踩空。

这就跟琴弦一样，在松紧合适的状态下，能奏出一曲优美的音乐，可一旦绷得太紧，就会落得个“弦断无人听”的下场。做人也是这么一个理儿，用心思考能帮助我们想通很多问题，可若是思虑过度，难免会伤神伤身，活生生把自个儿逼疯。

从中医的角度讲，过度思虑是非常伤脾的，《黄帝内经》中就曾有“思伤脾”的记载。脾主运化，一个思虑过度的人，会使脾气郁结，运化失职，而致纳呆、腹胀、便溏等症。这说的还只是身体部分，其实，过度思虑对一个人的精神状态伤害最大。打个比方，花谢花落，原本是非常正常的自然现象，可在敏感的林黛玉眼里，却成了一种韶华易逝的象征，而一旦联想到这些伤感的事物，林黛玉便会愁肠百结，抑郁不振，黯然泪下。

最后，不止林黛玉本人尝到思虑过度带来的苦果，就连她身边的亲人、朋友、丫鬟也要跟着她一起遭罪。原因很简单，情绪是能够传染的，跟快乐的人待久了，我们也会变得更开心，而跟悲伤的人处久了，我们也会变得更郁闷。

在《红楼梦》里，和林黛玉性格反差最大的，应该是开朗豪爽、心直口快的史湘云了。若是放在现在，史湘云的性格大概可以归类于“没心没肺”，她不像黛玉那样凡事都喜欢刨根追底和较真儿，大口喝酒、大口吃肉才是她的真实本色。

也只有这样豪迈大方的姑娘，才干得出醉酒之后，为了图凉快酣眠青石板凳上的有趣事儿，当时，四面芍药花飞溅了她一身，满头脸衣襟上皆是红香散乱，手中的扇子在地下，也半被落花埋了，一群蜜蜂蝴蝶闹嚷嚷地围着，更绝的是，她还用鲛帕包了一包芍药花瓣枕在自己的脑后。

事后，园子里的小姐和丫鬟都笑话她，可她一点也不当回事，根本就不往心里去，这若是换成林黛玉，那估计又要一个人躲起来想半天了。光想想这个画面，都真心替林黛玉感觉累，一个人每天都要说很多话，做很多表情和动作，如果人人都像她那样挨个去解读，去分析，去琢磨，那一天二十四小时恐怕都不够用，自己成天沉溺在这些无用的思虑和猜忌中，早晚会疯。

想得太多，就容易把简单的事儿弄得很复杂，明明只是一点鸡毛蒜皮的小事儿，最后却在自己的过度思虑中，被放大成一个人间悲剧，这种愚蠢的做法不是没事找事吗？敏感的人就是喜欢庸人自扰，他们自身才是自己最大的敌人，费尽心力建造了一个迷宫，到头来却只为把自己困住。

无疑，思虑过度是一种心理疾病，敏感者必须早点意识到，然后积极采取有效措施，让自己的生活重回正常的轨道。

首先，一定要加强和他人的沟通，努力排除心中的阴影。因为敏感的人总喜欢用想当然的方式去观察世界，哪怕心中有再多的疑问，他们也不愿意开口，向他人讨要一个答案，这直接导致他们思虑过度，心乱如麻。因此，敏感之人务必要学会主动和相关的当事人进行沟通和交流，从而获取客观现实的信息，将自己心中的困惑、猜测和阴影扫除干净。

其次，增强自己的自信心。一个自信的人，一般都会自我感觉良好，不太在乎别人对自己的评价。而敏感之人之所以思虑过多，很大程度上就是因为自卑，对自己的不自信直接导致其渴望从他人那里收获肯定和认可。

再次，走出想法，拥抱兴趣。过多的思虑会让人的大脑如扇叶般飞速转动，长期下去，人会变得精疲力竭，此时，最好的办法就是给大脑放个长假。敏感的人可以尝试着去做一些自己特别感兴趣的事儿，比如唱歌、跳舞、瑜伽、慢跑、画画、和朋友逛街、烹饪等等，任何远离思考的事儿，都能给自己带来轻松快乐。

最后，停止追求完美。一个有完美情结的人，做事固然谨慎、细致，可其在行动之前，往往会容易想太多。太想顾全所有，就有鱼与熊掌都想兼得的贪婪了，这种贪婪会让人变得焦虑、不安和躁动，从长远来看，一点也不利于身心的健康。因此，敏感之人不能再等待完美，该出手时须出手，越行动越幸运。

英国大文豪莎士比亚曾说：“一个人思虑太多，就会失去做人的乐趣。”有思考，就会有忧虑，一点点忧虑不会伤害一个人，可思虑过度却能将一个人逼疯。希望所有敏感的人都能走出自己的世界，多和外面的世界建立联系，因为唯有心宽，我们才能享有一片自由的天地。

换个角度，你能看到更美的风景

敏感的人通常都是直线思维，是非对错，泾渭分明。这种人遇到任何烦心事，第一反应都和大部分人一样，双眉紧蹙，忧心忡忡。可人的天性就是趋利避害的，普通人很难长时间滞留在一种不开心的情绪里，他们基本都懂得如何去排遣心中的忧愁和烦恼。而敏感的人却不一样，当大多数人都从忧伤中走出来时，他们还在原地踏步，冥思苦想，忧愁满面。

很难想象，一个既不知晓如何排遣烦恼，又不懂换个角度看问题的人，要怎么轻轻松松、开开心心地活在这个世界上。女性作者绿妖就曾是这么一个敏感的女子，在一次采访中，朋友柏邦妮问她小时候是不是也像现在那么安静，她则回答说自己小时候性格非常活泼，但由于父母的性格都非常暴躁，她的童年过得并不开心，长大后不管做什么事儿，和什么人打交道，她都无法对人生出全然的信任，在他人的眼里，她给人的感觉不仅素净，还十分静默。

每逢春节，绿妖的家里总会爆发大战争，有的人在狂叫，有的人在痛哭，还有的人在酗酒，更有人光脚踩在碎玻璃渣上，每个人都觉得别人对不起自己，每个人都觉得自己委屈，是最大的受害者，绿妖也不例外。她一度躺在童年阴影里，将自己性格中的缺陷以及生活工作上的不如意都推给家人，她心想，这一切都是父母的错，是父母毁掉了自己的生活。

这种认知虽然让她免于责难自己，但却没有给她带来多少快乐和释然，同时也没有给她的生活和工作带来任何帮助。直到有一天，她在心理学家那儿了解到，许多“受害者”都是勤于抱怨而疏于改变，因为成为“受害者”是最容易获得道德正确感的途径。“受害者”通常都处于道德的制高点，也就是说，如果有人伤害了我，那他就要对我所遭受的一切痛苦负责。

绿妖明白了这一点后，逐渐从“受害者”的身份走出来，重新换了一个角度来审视自己的童年。以前她只是一味地怨恨父亲的粗暴，现在她慢慢能够理解父亲，父亲同样出生在一个非常糟糕的原生态家庭，在父亲小时候，挨祖父母的揍是家常便饭，那个年代最大的痛苦是连饭都吃不饱。一个在幼时从未被好好对待过的父亲，长大后在子女的教育问题上，根本不知道还有更好的方式。

至此，绿妖看待父母的眼光不再那么杀气腾腾了，相反，她对父母还多了一层发自内心的怜悯和怜爱。随着年岁的叠加，她也变得越来越柔和，在她的新书《沉默也会唱歌》中，人们惊喜地发现，绿妖心中的伤痕在慢慢痊愈。

角度不一样，看到的风景也不一样。一个人从冰箱拿出半杯水，敏感的人会哀叹，只剩下半杯水了，而豁达的人则说：“嗯，运气不错，还有半杯水。”两者的人生境况别无二致，可两者的心情却有着天壤之别，究竟哪一种日子更好过，相信每个人的心里都有一杆秤。

绿妖无疑是幸运的，自从她站在不同的角度打量自己的过往后，她的心境发生了翻天覆地的变化，至少此时此刻她的心中少了许多埋怨和仇恨。我们知道，当一个人的内心有阳光渗透进来时，快乐和幸福就在不远处了。

哲人曾说，苦难是上帝化了妆的幸福。在这个世界上，从来没有真正的得到和失去，所谓的失去，在某种程度上其实也是一种得到。绿妖失去了快乐安逸的童年，最后又得到了在大城市淬炼自己的机会，她的文字之所以能那么打动人心，不正是过往的伤痛变相赋予她的灵感和素材么？

在狂风暴雨中穿行，刚开始或许会受一点皮肉之苦，可一旦挺了过去，我们将变得更加强大，日后即便遇到再大的挫折和磨难，我们也能屹立不倒。因此，从这个角度看，我们非但没有失去什么，反而得到了更多，我们非但没有经历什么烦心事儿，反而练就了一身解决麻烦事儿的超强本领。

有的人很容易被困难“一叶障目”，终究还是内心的敏感在作祟，想问题和做事情都不够灵活，遇到一丁点不如意之事，就要停下来唉声叹气，叫苦不迭，到头来，不仅赔了时间和精力，连好心情也被秒杀得一点渣都不剩。

事实上，这种做法对解决问题一点实质性的帮助也没有，问题始终停留在那儿，我们向它浇灌再多的焦虑和烦恼，也无法让它消失。更可怖的是，我们每耽搁一秒，它还会像滚雪球一样越滚越大。

焦虑是一个思想的陷阱，是敏感之人内心的无明、妄想、烦恼合力打造的。不了解事情的真实面貌是无明，对某种结果的担忧是妄想，对他人的抵触和成见是烦恼。而这一切，都源于我们不愿意换个角度看问题，不愿意尝试着和他人交流一下我们所焦虑的事情，我们只是固执地站在自我僵硬的认知里，朝着眼前看不到尽头的悬崖谷底，发出那一声绝望的喊叫。

跳出自我设置的牢笼吧，上帝虽为我们关掉了一扇门，但只要我们愿意换个角度看问题，就会发现拐角处上帝又为我们打开了一扇窗，而窗外的风景丝毫不逊于以前，有时候甚至更美更动人。

第五章

DI WU ZHANG

愤怒是魔鬼，一时的敏感冲动可能毁掉的是一生

哲人曾说，一个能控制住不良情绪的人，比一个能拿下一座城池的人强大。愤怒是七宗罪之一，假使我们没有管理情绪的能力，不但会给别人带来巨大的伤害，也会让自己心情糟糕，甚至抑郁不振。其实，我们何不看开一点，这个世界上有太多我们无法改变的现状，何必争一时之气。只有心宽，天地才能宽，只有放下，人生才能圆满，敏感者谨记，谨记！

做人太敏感，怎么能压住事儿

对于敏感，很多人都持有自己的观点，有些人认为敏感可以让自己少犯错误，有些人认为敏感限制了自己的人际关系，也有人承认敏感使自己生活在猜忌压抑之中。纵观芸芸，我们可以把敏感定义为一种情绪，而且很大程度上是一种不良情绪，它通过控制人的思想来限制人的行为选择。俞洪敏曾在演讲中说："很多人失去快乐，是因为他太敏感了。"

马加爵的故事大家都知道，他无疑是一个敏感的人，因为敏感，他让自己和数个家庭陷入绝望。当然，并不是所有敏感者都会像马加爵一样极端，大多数人只是停留在自我批判、自我否定的阶段，不具备攻击性。他们在做出行为选择时，会担心其他人的反应，事情的各种突发状况，事情的最终结果，在心里留下"我觉得太难了""发生意外我肯定完蛋了""天啊，太麻烦了"等等暗示。带着这种消极情绪开始一项工作，往往就意味着你已经失败了。

小陈是一个刚毕业不久的大学生，他在广告公司做策划，每天加班到晚上 9 点，一个月 2600 元的薪资。前几天他突然打电话问小王，如果他放弃现在的工作，自己创业，周围的人会怎么看。小王回答说："很好啊，反正趁年轻，好好折腾一番。"小陈很意外地说："你为什么不骂我，现在工作那么难找，创业太艰辛了。"小王问他是怎么想的，结果小陈跟小王说，同事好像看自己不顺眼，他一进办公室，大家都不说话了，他觉得在公司没有立足之地，但是放弃工作的话，又担心被别人看不起。自己创业一旦失败，到头来还是一个笑话。

这种思想很多职场中的人都有，担心同事上司对自己有看法，担心不能胜任工作，担心放弃工作后被人说没能耐。精力都用在各种猜想中，只会导致不想发生的事情正好发生。做人太敏感，进退两难，犹豫不决，怎么能压住事儿呢。

一个人倘若天生敏感，一副林妹妹心肠，并不是一两句话就能改变的。关键在于我们要认识并克制敏感带来的副作用。那么敏感的副作用是什么呢？从以上的叙述中，我们可以将它们归纳为三种：愤怒、猜疑以及恐惧。

猜疑这类副作用是最多见的，几乎任何一个人都会习惯性地去猜疑别人。敏感者的猜疑比一般人强烈，他们的情绪也就比一般人波动更大，而敏感者的恐惧多是自己臆造的。一个敏感的学生想在课堂上回答教授的提问，他对自己很有把握，但是他却担心同学会认为自己爱出风头，害怕同学以后会讨厌他、排挤他。在这种担心与害怕的过程中，自己先打了退堂鼓。其实，很多时候别人都是一种 who care you（谁在乎你）的心态，而敏感者往往以自我为中心，造成不必要的恐惧，使自己的行为选择处于想与不敢之间，最终错失机会。

每个人都是通过敏感神经来接收外界信息，再经过大脑形成主观意识的。过多的敏感只会加重我们的思考，产生不良情绪。《贫民窟里的百万富翁》中有这样一句话："如果你不能影响别人，别人就会影响你。"情绪也是相同的，如果太敏感，我们在做选择的时候就会畏首畏尾，反反复复，而结果只能一事无成。

心浮气躁只会让你处处栽跟头

生活在这个急速发展的社会，浮躁几乎成了很多年轻人的通病。做事情三分钟热度，兴趣消退后，急着寻找下一个目标，不断地尝试，最后一无所成。老子曾说："天下难事必作于易，天下大事必作于细。"在学习和工作中，我们首先要面对的是一些细小的、琐碎的事情，这些事情不是一朝一夕就能看出结果的，也无法给我们带来很大的成就感，它考验的是我们的意志和信念。

有这样两个人，分别是小A和小B，他们都是学日语专业的，刚开始的时候，都很努力。小A报的培训班，每天下班后坚持参加晚上的课程。小B认为语言可以自学，下班回来后，自己看书听录音。坚持了一段时间，小B很快就放弃了，她发现日语比她想象中难学，于是改学韩语。小A也意识到日语可能并不实用，但是她想来想去还是坚持学下去。结果大家都能猜到，最后小A考过了日语一级，而小B，最终也放弃了学韩语，改学了法语。

实际上，像小B这样的人有很多，他们在坚持了一段时间后，心里不确定自己这样做的意义，开始为自己找借口：这个太难了，坚持下去也不会有结果的。与古人说的“夫夷以近则游者众，险以远则至者少”是同一个道理，心浮气躁只会让我们走向平庸。

不知从什么时候开始，“时间就是金钱”的观点进入了我们的生活。我们赶着学习，赶着工作，赶着晋升，赶着买房买车。我们总是很忙，却不知道自己究竟在忙些什么。其实，说到底，是大家太急躁，不够踏实。

学历史的人都知晓汉景帝时期，有一个叫晁错的政治家。他极力主张中央削藩，以达到集权的格局。汉景帝认为，现在中央尚不稳定，削藩可能导致内战。晁错回答：“今削之亦反，不削亦反。削之，其反亟，祸小；不削之，其反迟，祸大。”既然削也反，不削也反，汉景帝想，那就削吧！结果引起“七国之乱”。汉景帝又问，现在爆发七国之乱了，你有什么对策吗？晁错回答：“臣未料及此。”我没有想到会这样啊。最后为了平定战乱，景帝只能把晁错腰斩于市。苏轼评价他：“世之君子，欲求非常之功，则无务为自全之计。”晁错一心想要建功立业，却没有想到万全的计策，以至于害死自己和家人。一个当朝参谋，没有做任何规划和调查，只凭自己的臆想行事，甚至在发生突然状况时，只会说

“臣未料及此”，怎么能辅佐君王呢？而晁错急于建立功名，太过浮躁，有勇无谋的个性，也致使自己走向了绝路。

俗话说：“心急吃不了热豆腐。”越想成功的人越容易失败，很多人在追求梦想的时候，只关注到大局方向，忽视细节，盲目地坚信“车到山前必有路，船到桥头自然直”。尤其当下社会流行的“一夜成名”“一夜暴富”“一步登天”思想，严重冲击了大众的价值观。每个人都想成为上帝挑中的“幸运儿”，然而机会只留给有准备的人。

抛开社会学，单从心理学的角度来说，为什么我们会心浮气躁呢？本文总结为以下四点：

首先，自我定位不准确。大家经常听到，某某今年晋升处长了；某某在公司表现很好，老总准备送他出国深造；某某在北京开画展了等等。对自尊心强、好面子的人来说，这样的消息无疑是给他们严重的一击。人们总是容易形成一种错误的心态，即以别人的成功来定义自己的失败，这种心态让我们更加否定自己。其实，尺有所短，寸有所长，我们应该承认周围优秀的人成千上万，并在这成千上万的人中给自己一个清晰的定位。

其次，狭隘的心理。在朋友圈中，总有人业绩比你好，总有人婚姻比你美满，总有人比你更会为人处世。你似乎是最差的那个，你不甘心，参加培训班提高自己的语言能力，与爱人各种秀亲密、秀恩爱，准时出入朋友同学聚会，你觉得只要自己努力，一定可以超过别人。然而，你发现并不是所有人都买你的单，你的付出与收获没有成正比，你很失落，这就是一种狭隘心理。我们生活在一个自己很熟悉的圈子里，通过圈子里的认可来获得存在感，好比井底之蛙，世界只有井口那么大。要改变这种心态，就要跳出狭隘心理，站在圈子外看人，明白自己只是沧海一粟。

再次，急功近利。罗马不是一天建成的，偏偏有人想要在一天内建一座长城，这么急躁，怎么可能踏实做好工作呢？明朝时有一个地主见邻居修建了三层楼的住宅，于是回家把工人召集起来，说：“我要修三层楼的住宅，你们明天就动工吧。”第二天，地主跑到工地上看，发现工人们在打地基，他很不高兴，说：“我只要你们修建三楼，你们打地基干什么？”地主这种心态也常常出现在我们身边。比如找工作，非500强不去，非管理阶层不去，非年薪百万不去。很多人都已经忘记了“故天将降大任于斯人也，必先苦其心志，劳其筋骨，饿其体肤，空乏其身，行拂乱其所为”。

最后，修为不够。修为是佛教的说法，指一个人的修养、素质和能力。在苏轼与佛陀的故事中，苏轼看佛陀是一坨牛屎，其实是他心里有一坨牛屎，而佛陀看苏轼是一尊佛，恰恰说明佛陀心里有一尊佛。修身养性是一辈子的事，要达到高深的境界，必定是一个漫长的过程。

心浮气躁只不过是膨胀了我们的欲望，并不能给我们带来真正意义上的成功。哲学上讲究自然规律，天地万物皆在规律之中；道家说，天时地利人和；现在，我们常说，是你的终究是你的，不是你的强求不来。所谓欲速则不达，一个人能改变浮躁的心态，踏踏实实地生活，就是人生的赢家。

遇事要沉着，勃然大怒只会使事情更糟糕

伤心就流泪，生气就发火，这都是人最正常的情绪反应，可正常归正常，我们若是缺乏必要的情绪自控能力，很容易让自己的工作和生活频生波折。尤其是愤怒，老话常讲愤怒是魔鬼，这不是完全没有依据的。在美国电影《七宗罪》中，纽约警察局的刑事警官威廉和搭档米尔斯携手办一个案子，两人在办案的过程中发现，凶手连续做了六起案子，这六起案子的受害者死法分别象征着基督教的七重罪孽中的六宗罪：暴食、贪婪、懒惰、骄傲、淫欲、嫉妒。

凶手告诉米尔斯，说他因为“嫉妒”，已经将米尔斯的妻子杀害，

并砍下了其头颅。米尔斯在收到装有妻子头颅的包裹后，尽管搭档威廉一再劝他不要冲动，可他依然无法控制内心的悲伤和愤怒，最后开枪打死了凶手。

至此，米尔斯犯了“愤怒”之罪，取代凶手，完成了七条戒律中的最后一条。

由此可见，愤怒果然是魔鬼，它彻底引诱出每个人内心的“恶”，让我们在一时的敏感冲动下，做出难以挽回的事情，从而毁掉我们的一生。

生活犹如一条不断流动的江河，江河尚且有遇到顽石阻拦、回澜拍岸的惊险时候，我们当然也会遇到许多不顺心的事儿。面对小问题时，很多人还能耐着性子，手脚麻利地将其解决掉，可一旦碰到一些难以解决的大问题，我们就常常听到许多的抱怨声和咆哮声。

想象一下这个场景，我们走路时不小心被一块石头绊倒了，爬起来后，我们指着石头破口大骂，骂完后还不解气，又俯身将石头搬起来，狠狠地把它扔在地上。然而，急怒攻心之下，我们没有看清楚，石头没有落在地上，反而砸在了我们的脚上。结局可想而知，我们再也没有办法顺利走完接下来的路程，并且我们的脚还受伤严重，我们自己也白白受了皮肉之苦。

相信所有人都不愿意看到这样糟糕的结局。其实，上文中所说的石头就好比我们遇到的闹心事儿，人人都免不了和它打照面，而内心过分敏感脆弱的人，是怎么也绕不开它的，他们只会情绪激动，自乱阵脚，最后因为一时的冲动让事情变得更糟糕。他们不知道，最好的做法应该是保持心态的沉着和冷静，这种感觉就像在考场做题一样，遇到难题，慌张和暴怒只会让脑子如一团糨糊，而沉着冷静却能让人的思绪变得更加清晰透彻，最后成功得出一个正确的答案。

众所周知，情绪来得快，去得也快，很多时候，我们只不过是瞬间被愤怒冲昏头脑，紧接着做出许多错事，当愤怒退场后，取而代之的又是无尽的懊恼和后悔。明白了这一点后，我们应该更加深知遇事要沉着的必要性了。要知道，当一个人遇事愈加沉着后，是可以采取很多有效的手段来发泄内心的暴怒情绪的，写控诉信就是其中一个，这个办法源自美国总统林肯。

有一天，陆军部长斯坦顿来到林肯那里，气呼呼地对他说一位少将用侮辱的话指责他偏袒一些人。林肯听了后，建议他写一封措辞尖酸的信回敬那家伙。

“你在信里可以狠狠地骂他一顿。”林肯笑着说道。

斯坦顿觉得这建议不错，二话不说，立马写了一封措辞尖锐的信，写完后，他又赶紧拿给林肯过目，看看还有哪些地方需要做出修改。

“对了，对了。”林肯高声叫好，“要的就是这个！好好地教训他一顿，斯坦顿，你这封信真是写绝了！”

但是当斯坦顿把信叠好，准备装进信封里时，林肯却叫住了他，连声问道：“你要干什么，你要干什么？”

“寄出去呀。”斯坦顿停住了手中的动作，他神色不解地望着林肯。

“不要胡闹。”林肯大声说，“这封信不能发，快把它扔到炉子里去。凡是生气时写的信，我都是这么处理的。这封信写得好，写的时候你已经解了气，现在感觉好多了吧？那么现在就请你把它烧掉，然后再写第二封信吧！”

将满腔怒火喷向他人，难免会出现伤亡的局面，写控诉信不失为一个好方法，在信中，我们可以用尽一切恶毒尖酸的词汇，完全无须顾及任何人。信就像一个闷声葫芦，它悄无声息地承载了我们内心狂暴的风起云涌，并三缄其口，谨守秘密，绝对不会走漏半点风声。

就像林肯说的，写信其实就是一个发泄愤怒的过程，信写完了，我们也该恢复理智，沉着面对一切让自己感到糟心的事情。当然，除了写信之外，还有不少好方法可以帮助我们制服心中的那个“魔鬼”。

第一，抓住让我们愤怒的事，而非人。人与人之间的摩擦，多数都是因事而起的，可我们往往“对人不对事”，发起脾气来总是指着别人鼻子骂，比如“你就是一个混蛋”，谁喜欢被人身攻击呢？下一次，我们不妨试着这样说，“这件事让我很生气”。毕竟事情没做好，只是能力问题，下一次有所改进就行。

第二，愤怒的时候，从一数到十，并不断地对自己进行心理暗示：生气对身体不好，生气解决不了问题，生气是拿别人的错误惩罚自己等。一旦这种自我训练的次数多了，当下次在遇到麻烦时，我们就不会连想都不想就开始情绪失控。

第三，弄清楚愤怒的根源。愤怒的背后通常都隐藏着一种没有被满足的需求和一颗过分敏感的心。光对着惹毛我们的人火力全开，并不能满足我们内心的需求，也无法抚平我们那颗敏感脆弱的心。唯有刨根究底，抽丝剥茧，找到愤怒的根源，我们才能平心静气地找到痊愈之药。

有研究表明，人在愤怒的时候，智商接近于零。强烈的情绪波动，让我们的思绪混乱，无法对人和事做出正确的判断。不仅如此，井喷的怒火有时甚至还会让我们做出一些打破常规、冲破原则的违法乱纪之事。既然愤怒如此可怕，我们遇事定要沉着一点，冷静一点，万万不能因一时的敏感冲动毁掉自己的锦绣人生。

凡事想得开、看得透

当我们伤心难过时，身边总会有人拿这样的话来劝慰我们：“不要这么难过，凡事想开一点，很容易就过去了。”道理说起来确实很轻松，可一旦做起来，几乎没多少人能及格，所有的安慰和劝解都仿佛是走个过场，就连安慰劝解者本人，在伤心难过时，也同样想不开，看不透，放不下。

为此，有些人甚至堂而皇之地沉浸在负面的情绪里，久久也不愿走出来。尤其是性格敏感的人，如果有人因此而责备他们，他们总会找理由为自己开脱，随口扔下一句：“我性格本来就这样。”三言两语，已经向外界表明自己不愿意做出改变，甚至是自己根本改变不了。

这种对待生活的态度堪称是“自甘堕落”。

假如说，当我们自愿跳下悬崖时，有许许多多的蝴蝶飞过来，像托起香妃那般接住我们极速下坠的身体，那我们当然可以尽情地跳，使劲地跳，丝毫没有性命之虞。可现实是残酷的，没有人能对我们的生命负责，我们所经历的苦楚和艰难，必须要靠自己独自承担和消化。

从这个角度看，想不开、看不透和放不下，完全是对自我生命的双重折磨。每个人的生活都不可能一帆风顺，我们都在自己或短或长的生命征程里经受过风雨的淬炼，这种淬炼原本就是一种折磨，如若我们在“吃苦”后还要惦念着不放，这种举动和反刍痛苦又有何区别？

一个老人在高速行驶的火车上，不小心把刚买的新鞋从窗口掉了一只，周围的人都替他感到惋惜。有的人甚至都准备好了一套说辞来安慰他，没有想到的是，老人非但不伤心，还马上把第二只新鞋也从窗口扔了下去，这举动让所有的人都大吃一惊。

有年轻人不解地问道：“老人家，您为啥要这么做，这不亏大了吗？”

老人轻描淡写地说道：“这只鞋无论多么昂贵，对我已经没有用了，如果有谁能捡到一双鞋子，说不定他还能穿呢！”

在年轻人的眼里，损失一只鞋子就够让人伤心了，怎么着也得把第二只鞋子抓牢了，不然就太吃亏了。可老人却并不这么看，一只鞋子已经丢失了，自己以后也不可能只穿一只鞋子走路，那另一只鞋子也没有存在的必要了，索性把它扔到窗外，两只鞋子距离不远，兴许捡到的人还能穿。

老人表现出的豁达，一般人都望尘莫及，看过这个故事的人，都会由衷地夸赞老人的“成人之美”之举，可又有谁懂得，老人的“放弃”

其实也是在成全他自己呢？紧抓着最后一只鞋子不放手，并不能给老人带来多少快乐和宽慰，反而会让他动不动就“触物伤情”，沉湎于过去的痛苦而忧愁郁闷。

所谓的“想得开”，无非是将不合自己心意的人或事抛诸脑后，而所谓的“看得透”，则是洞察到敏感多思的情绪于接下来的生活无半点帮助。每一个从风雨中走出来的人，都先是看得透，继而想得开，最后成功地放下。正如上文故事中的老人，他遇事展现出来的淡定和从容，都得益于这三个步骤，反倒是他周围的那些乘客，情绪大起大落，颇有一番“皇帝不急太监急”的绵长意味。

不过话又说回来，想不开、看不透的人，究其根源还是太过于追求完美。这种人活得非常沉重，外界一点风吹草动，都能在其内心世界掀起腥风血雨。一场激烈的自我斗争后，整个人都快虚脱疲软了。他们做事力求尽善尽美，希望不留下一点遗憾，他们也期盼自己的生活无风也无雨，可世事哪能尽如人愿，我们能做的只有在事情发生之后，及时地止损和善后。

想不开和看不透除了让人在错误的道路上越走越远，根本不能给我们的生活带来一丝快乐。古装电视剧《甄嬛传》中的皇后娘娘，当她还是一个侧福晋时，便不甘心原本属于自己的福晋位置被同父异母的姐姐抢走，于是想尽办法在已有身孕的姐姐的日常三餐里下药，最后害得姐姐纯元香消玉殒。最后，自己也没得到丈夫的喜爱，反而生活更加悲惨、凄凉。

你不能改变天气，但是可以改变心情

在香港的 TVB 的电视剧里，我们经常会看到这样的场景：一个人开导另一个人的时候，总是会语重心长地说上一句：“做人呢，最要紧的是开心。”是啊，做人最要紧的是开心，但是最难的也是开心。

就像港剧里的人说的，“开心是一天，不开心也是一天，何不开开心心过一天呢?”这其实就是一种生活的态度，不管生活里出现了什么样的惊涛骇浪，始终秉持着“快乐地生活在当下”的信念，珍惜自己的每一分每一秒，及时行乐，积极乐观地朝前看。正如一句话所说，你不能改变天气，但是能够改变心情。

快乐是一种发自内心的情感，它浑身都散发着阳光活力的气息，让人不自觉地扫除堆积在心底的烦恼垃圾，微笑着面对生活中屡屡出现的倒霉事。不仅如此，快乐还能够感染别人，帮助他们走出逼仄阴郁的潮湿心境，最后重新回到温暖明亮的太阳底下。

因此，快乐的心情是人在生活中的“刚需品”。

生活中，难免会有些不幸的事情发生，既然我们无法让时光倒流改写历史，那为什么不坦然乐观地去面对它，接受它，开心快乐地过好我们当下的每一分每一秒呢？同时，未来的事情也总是变幻莫测，犹如一个大大的问号，与其自寻烦恼地对未知怀揣不安之心，还不如牢牢地把握住当下的真实。

琦琦是一个名副其实的“笑面佛”，跟她有过交往的人都知道，琦琦几乎就是一个从来没有不开心的人。碰到任何事情她都能泰然自若。在她30岁生日那天，她被所在的单位开除了，这原本是一件非常令人难过的事情，但在她看来，这并不是什么大事。她还笑嘻嘻地对我们说：“单位经营困难，走人是迟早的事儿，我没有办法改变，何必为此苦恼呢?”

快乐是一天，不快乐也是一天，已经丢掉了分数，不能再赔掉自己的好心情，琦琦正是抱着这样的想法，才一步一步走到了今天的幸福快乐生活，用自己的豁达和快乐感染着她身边的每一个人。因此，希望那些正处于生活阴影中的人，能积极乐观地为自己受困的心找一个解脱的出口。不要总想着去改变难以改变的大环境，不妨从自己的内心开始，让自己变得乐观豁达起来。

不要带着“放大镜”出门

歌曲《雾里看花》里有这样一句话：“借我借我一双慧眼吧，让我把这世界看得清清楚楚、明明白白、真真切切。”

这句歌词的本意是说想用“慧眼”看清楚看明白身边的每一件事每一个人，但我们知道，毕竟金无足赤，人无完人。试问一味地求真、求全责备，试图把一切都弄得清清楚楚，真的能给我们带来人际交往的便利和快乐吗？

一个人若是懂得适时地揣着明白装糊涂，一定能在纷繁的人际关系中游刃自如，让生活更加轻松愉快，也让身边的人时有欢声笑语。反之，假如我们凡事都太过于较真儿，总用放大镜去挑别人的刺，容不得他人有半点瑕疵，那么我们迟早会众叛亲离，不得人心，沦为孤家寡人。

这种心态其实就是带着“放大镜”出门，何谓“放大镜”，也就是凡事太过认真，吹毛求疵，听到别人一句简单的话、看到别人一个简单的动作，都能立马跳起来。

古语有云：“水至清则无鱼，人至察则无徒。”这句话的意思是，鱼儿没有办法在太清澈的水里生存，而一个人若是对他人要求过于苛刻严厉，遇事过于较真儿死板，也是不会拥有朋友和好人缘的。因此，我们与人交往，应当有一种“厚德载物，雅量容人”的胸襟，待人处事不要苛求完美。有时候装装糊涂，凡事不要表现得那么聪明较真儿，反而能给我们的生活带来许多便利。

相信很多人都有过这样的感觉：我们早上起床后，总是蹑手蹑脚，说话轻声细语，生怕吵醒了别人；跟朋友出去吃饭，我们总是最早吃完，然后抢着去埋单，害怕别人误会我们是故意拖延不想付账；在公共场合，我们不会随地吐痰，也不会乱扔纸屑……敏感之态毕现。

然而，当我们生活在自己设定的生活准则里，总是以一副小心翼翼、谨慎敏感的面貌出现时，我们也会在潜意识里要求朋友和我们一样尽善尽美。在人际交往中，我们会不自觉地拿出高标准、高素质和高觉悟这三把标准大尺衡量朋友，一旦有不符合之处，我们的内心就会自动生出愤懑不满的情绪，这不仅让身边的朋友感觉如履薄冰、战战兢兢，也把我们自己困在了一座孤独的城堡里，孤芳自赏，成天顾影自怜。用“放大镜”去看身边的人和事很容易上纲上线，一点芝麻绿豆大的小事儿都可能被无限放大。

余楠是一个在生活中对自己和他人要求都很高的人，眼里容不得一点细小的瑕疵，对同事如此、对朋友如此、对家人亦然。

有一次，余楠的儿子小健放学回家后，一进卧室，就随手把自己的书包扔在地上，搞得满地都是书本和文具。余楠下班回到家里，推开儿子的卧室，看到满地狼藉，顿时，一股无名火就开始“噼里啪啦”地在她的心里烧起来，她眉头紧蹙，大声地呵斥道：“小健，你又胡闹了，快点把地上的书捡起来！”

正在专心做作业的儿子被她吓了一跳，连忙回头看了她一眼。她再次提醒，“快把书包和掉地上的东西捡起来。”可是小健却全然不顾她的要求，还语出惊人地说道：“妈妈，麻烦你下次注意一点好吗？我正在写作业呐，你这样突然喊，我会分神的！而且，我习惯这样了，做完作业之后，我自己会把它们收拾好的，你不用操心！”

“你还敢振振有词？把房间搞得这么乱，这说明你不爱干净，为人懒散，而且让人看着多难受啊！快点收拾好！”余楠神色不耐烦地命令道。

没想到，儿子对她的话还是置若罔闻，屁股都没挪一下，仍旧嬉皮笑脸地对她说道：“我只是把书包丢在自己的房间里，我也没有不爱干净，你看，我回来就把手洗了！”说完他还伸出了双手。余楠这下就没作声了。

余楠后来和朋友说这件事的时候满是歉意，她说儿子说的那番话的确没错，只是由于她自己太过苛求，总爱把一些小事儿放大。后来她还跟儿子道了歉。

其实，这样的事情在生活中我们经常能够碰到，一个很简单的事情，一句很简单的话，总会有人去无限放大和误解。这便是敏感之人经常做的事情，这就好比是两人约会，男孩子请女孩子吃饭，女孩子说自己不饿，男孩子请女孩子喝茶，女孩子说自己不渴。假若这是一个敏感的男孩，他可能就认为女孩子对他一点兴趣都没有，所以才会屡次拒绝他的提议。但实际上，谁也不能否认这女孩子真的有可能不饿也不渴。

带着放大镜出门，看到的多是别人的毛病，眼里多是别人的瑕疵。生活在这样的环境当中该有多么的恐怖，所以，还不如像郑板桥先生那样，多糊涂一下，生活中就没有那么多让自己烦心的事了。

何必让敏感成为负担

在美国普林斯顿大学任教的华裔科学家钱卓，曾经做过这样一个有趣的实验，他在一些老鼠体内注入 NR2B 基因后，惊奇地发现这些转基因老鼠的智商要比普通老鼠高，尤其是在学习和记忆力方面，普通老鼠更是难以望其项背。

这是怎么一回事呢？因为 NR2B 基因能控制老鼠体内的一种叫做 NMDA 的受体，让它激活老鼠的神经，从而帮助学习和记忆，让老鼠变得更加聪明。

实验成功之后，很多人都在大胆地设想，假如将这个研究成果运用到人身上，那这个世界上就再也不会有愚笨的人了，每个人的学习能力和记忆力也必将上升到一个更高的台阶。

这是多么振奋人心的一件事啊！每一个人都希望自己是天才，拥有众人羡慕的聪明和智慧，因为只有这样，我们才能在激烈的竞争中占据着优势地位，比普通人更容易获得更高的社会地位以及更多的名利财富。

可是，众人的天才美梦最终还是竹篮打水一场空，科学家钱卓的这一研究成果并没有得到推广。因为实验人员后来发现，一个人要是太聪明、太敏感，往往会变得吹毛求疵，不仅看不惯现实生活中一切有瑕疵的东西，还会不自觉地把这种痛苦放在放大镜下面，让自己饱受敏感带来的折磨。

为什么会得出这样一个结论呢？原来，实验室里的研究人员，分别在“转基因老鼠”和普通老鼠的爪子里注射了同等剂量的甲醛溶液。这些甲醛溶液会让老鼠的爪子产生慢性疼痛，为了缓解疼痛，老鼠们肯定会不自觉地去舔自己的爪子，对疼痛更加敏感的老鼠，舔爪子的次数一定是其中最多的。

在头一个小时里，“转基因老鼠”和普通老鼠舔爪子的次数都不相上下，这说明两种老鼠对疼痛的感觉程度别无二致。可是随着时间的延长，“转基因老鼠”舔爪子的次数逐渐多了起来，而普通老鼠舔爪子的次数却越来越少，可见它早已对爪子的疼痛麻木了。

从这次实验中，我们可以看出，“转基因老鼠”虽然要比普通老鼠聪明和敏感，但它们对慢性疼痛的适应能力显然要比普通老鼠差多了。为此，科学家钱卓的研究成果无法在人身上得到推广，因为研究人员不愿意看到人们终日活在痛苦的感觉里，煎熬度日。

对疼痛太过于敏感的人，心理承受能力一般都非常的差，他们很容易受到别人言语和行为的影响。任何人的一举一动，都难逃他们的法眼，有时候，仅仅是一句不中听的话，或是一个不友善的表情，都会让他们难受好几个小时，甚至一整天都不对劲。遇到一点点不顺心的倒霉事，他们就会方寸大乱，抱怨不止，给自己增添不必要的心理负担，最终让自个儿活得沉重又疲惫。

黄晶晶大学毕业之后，就在一家图书策划公司工作。由于缺乏相关的经验，她在工作中总是差错不断，因此有时候，公司的领导和同事难免会批评她几句。

黄晶晶为人十分敏感，尤其听不得别人批评她的话，领导因为工作上的事，稍微指责了她几句，她就立马眼泪汪汪，神情沮丧。公司同事要是和她意见相左，言语措辞重了一点，她都要和对方展开一场激辩，还击能力十足。

有一次，同事向兰无意中说了一句："晶晶，你的这件上衣和裤子的颜色好像有点不搭耶，下次不要这么穿了，一点都不好看。"没想到，这一下又戳中了黄晶晶敏感的心，她飞快地从座位上弹起来，语带强硬地说道："你以为你的穿衣品味有多好啊，我这么搭配怎么了，碍着你什么事了啊？"

同事向兰顿时傻了眼，一时间也不知道该怎么去回应，她自己也就是随口一说，并没有任何恶意，没想到这也会刺激到黄晶晶。

从这之后，向兰再也不敢和黄晶晶说话了，其他的同事也对她避之不及。黄晶晶在同事们的排斥孤立中，也越来越不快乐，没过多久，她就辞职了。

做人实在不能像黄晶晶那样敏感，拿着放大镜去看公司领导和同事对自己的批评，此举无疑是在自己的伤口上撒盐，除了更痛一点，再无其他。把复杂的事情弄得简单一点，能让我们感到轻松快乐，但是把简单的事情弄复杂了，这就无异于作茧自缚，徒添烦恼了。

所以，为人处世还是粗线条一点比较好，如此，当我们遇到不如意之事时，才不会像个傻子一样，被内心的敏感牵着鼻子走，走到痛苦绝望的死胡同，白白受罪。

第六章
DI LIU ZHANG

别让敏感牵着鼻子走，“钝感”的人最好命

生锈的刀剑不伤人。其实，“钝感”的人就好比生锈的刀剑，在与人打交道的时候，言行举止温润如玉，令人如沐春风。不仅如此，“钝感”的人还不容易受内伤，其内心从不被负能量包裹缠绕。由此可见，做人不能太敏感，“钝感”的人最有福。

无能的刘备何以成大事

看完《三国演义》，很多人都会有这样的疑惑：为什么刘备这样一个迟钝的人能够成为“关张赵马黄”“卧龙凤雏”等人的老大？

这一点我们可以从刘备的“发家史”中找到答案。

据史书记载，刘备虽然寡言少语，但待人谦恭。年轻时师从东汉大儒卢植，不爱读书，喜欢弄狗骑马，喜欢结交豪爽之士。因此，青年时代就有不少年轻人争相依附他，这是他性格的优点之一——豪爽。

何谓豪爽？豪爽其实就是性格直率，没有那么多弯弯绕，也不懂得蝇营狗苟，一口唾沫一个钉，所以，刘备在从军之前就已经成为年轻人争相结交的对象。

而在起事之初，刘备只是个织席贩履的小角色。在央视版《三国演义》中，刘备偶然撞见关羽和张飞之间的小摩擦，他凭借着自己的口舌将二人之间的不愉快化解。后来三人桃园结义，张飞和关羽也成了刘备的左膀右臂，这也是刘备性格特点转化的利好，在调解“关张”二人的矛盾时，他想得很简单，大丈夫该驰骋沙场，不可争一时之快而互殴。

而他的这个想法被关张所接受，所以二人当即表示愿意拜其为大哥。

但要说起刘备“职业生涯”的真正转折点，那一定就是“三顾茅庐”，得到诸葛亮的辅佐，也正是从这里开始，刘备的事业开始走上坡路了。而在“三顾茅庐”时，刘备的钝感则反映得淋漓尽致，值得注意的是，正是刘备的“钝感”才让他俘获了诸葛亮的心。

刘备举事时，正值黄巾作乱，天下纷争，曹操坐据朝廷，孙权占有东吴。当时的刘备虽身为汉室宗亲，但也仅仅做了个豫州牧。好不容易招了徐庶这名谋士，却无端被曹操搅了局，曹操将徐庶的母亲作为人质，并以此要挟徐庶为他效命。徐庶是个孝子，没办法只得含泪告别旧主，在临行之前，他向刘备介绍了一个人——南阳卧龙岗上的诸葛亮。

诸葛亮是何许人也，当时有这么一句话：“卧龙凤雏，得一可安天下”。面对这样的人才，求贤若渴的刘备当然不肯放过。所以，刘备在送走徐庶之后就命令下去，准备礼物，他要亲自前往卧龙岗拜访诸葛亮。

在这里我们要先分析一下。在刘备动身之前，诸葛亮才名远播，也吸引了很多地方官和军阀的注意。但诸葛亮一直“孤卧深山中”，这应该是有理由的。古时候朝廷要用人一般都是下一个诏令，内容无非就是“我们看重了你的才华，现在提拔你做某某官，限期报到”一类的话，这一招用在一般人身上可能管用，毕竟，做官是件好事，谁不愿意。可偏偏诸葛亮又是个不吃这一套的人。所以，我们得出一个结论，诸葛亮怀抱一身才学躲进深山是有原因的：他在等待一个值得效忠的人。

而刘备，正是紧紧地抓住了诸葛亮的这点心理。

在地位上，刘备既是官又是汉室宗亲，而诸葛亮只是一介平民而已，按照当时“官尊民卑”的习惯，刘备在地位上要高过诸葛亮。我们现在也知道，一般地位高的人要见底下的某个人，只需要派人打个招呼，正常情况下，这种方式也能达到效果。

但刘备可不是这么做的，他带着自己的两个义弟，准备好礼物，不辞辛苦亲自找到了诸葛亮的住所。当我们看到这个情节的时候可能觉得没什么，但是我们试想一下，假如在公司里老板为了什么事亲自跑到我们家里一趟，我们这帮小员工会怎么想。这就是我们平时所说的“没架子，不摆谱”，而这样的人也一定令人难以抗拒。

按理说，刘备能够做到已经实属不易了，但这第一次拜访最后却由于主人不在家而落空。很多人在这个时候可能心里就干脆放弃了。但钝感的刘备却没有这么做，他的顿感不光只是体现在“不计较”上面，他还有着让人感到“亲切”的耐心。

第二次拜访那天，下着大雪，刘备一行再访，却仍旧是没见到诸葛亮本人。这下张飞有点坐不住了，他对大哥说：“下次派一个人来叫他就行了，如果他还不来，我就直接将他绑过来。”但刘备立刻否决了这个建议，他认为诸葛亮只不过是恰好不在罢了，何必计较，为此，他还责骂了张飞一顿，又开始准备起第三次拜访。

第三次拜访，诸葛亮总算是回家了。但三人到访时诸葛亮却在房中睡觉。刘备不忍心打扰便毕恭毕敬地站在门外，直到诸葛亮醒来，他才进屋内与对方见面。

最后的结果大家也都知道了，诸葛亮在得知了刘备“三顾茅庐”之后，异常感动，终于放弃了自己之前“独善其身”的想法，答应出山为刘备效力。

刘备为什么能够请得诸葛亮出山？其实答案也很简单，第一，虽然刘备的实力并不出众，但是刘备待人的态度深深打动了他；第二，刘备的顿感让他没有放弃。

按照一般人的想法，我来了两次都没见着人，这人肯定是躲着我不愿意见了，所以也就不会有第三次了。而刘备却不一样，他并没有把诸葛亮“两次不在家”这件事情当成什么很严重的大事，而是相信诸葛亮徒弟的说法，认为诸葛亮其实就是游山玩水去了。

今人看三国之后认为，其实当年刘备三顾茅庐是诸葛亮有意的考验，也就是说，这是诸葛亮出的一道难题。一来是因为诸葛亮本不想出山，二来是因为他想等一个值得效忠的人。

我们可以这么说，在当时，值得诸葛亮效忠的人不可能只有刘备一个，邀请诸葛亮做谋士的人也不只有刘备一个，但最后诸葛亮和刘备二人却牵丝成线，这不得不令人深思。

刘备的顿感无疑在这件事的促成上起到了巨大的作用，估计连诸葛亮自己都没想到，他两次避而不见都无法摆脱眼前这个求贤若渴的人。而这样的刘备也让诸葛亮觉得可以追随，二人一拍即合，终创三国鼎足之势。

从刘备发家的过程中我们可以看到，他的钝感屡次帮他赢得人心，先是关张，后是诸葛亮，而这三人正是他最初闯荡天下时的坚实基础。如果我们再做一下假设，假如刘备是一个敏感或者说“知趣”的人，历史会不会被改写呢?

这世界没那么险恶

“世事难料，人心险恶”，这是一些“老江湖”经常用来教导后辈们的话。这些把人心看得太过复杂的人都会认为，陌生人是一种危险，所以在面对陌生人时，要尽量做好提防的准备。这也跟中国古话“画虎画皮难画骨，知人知面不知心”有着异曲同工之妙，他们的共同之处其实都一样，那就是将人心看得太过复杂。而这种待人方式也带来了一定的社会影响。

现在人们经常说，社会道德在集体滑坡，碰到老人倒地，怕被讹诈就几乎没有人敢伸出援手，而那些旁观者的理由也几乎一致：谁知道我们救起老人之后会有什么样的后果，对方会不会说是我们撞倒他的呢?

“人心险恶”的观念让很多人对陌生人避而远之，殊不知，把人看得太复杂，其实就是让自己过得更麻烦。

曹伟曾经在人力资源部门工作过一段时间，作为负责为公司招聘人才的把关人，他总结出一个道理，很多应聘者在面试官面前把自己吹嘘得天花乱坠，但在现实生活中，他们很可能是一个与自我介绍截然相反的人。

他在这件事上就有过一次亲身经历。

有天中午，曹伟在公司上班的时候突然接到了家人打来的电话，电话那头，母亲告诉他，父亲早上突发心脏病住院，让他赶紧去医院一趟。

接到电话的曹伟心急如焚，立刻跟经理请了假，但是刚出电梯他就发现，自己的钱包还在办公室，他连打出租车的钱都没有了。

恰好这个时候，曹伟看到两个穿着西装的年轻人，他们说说笑笑，看样子像是应届的毕业生，而且应该是同学。看他们这身打扮曹伟也猜出，这两人可能是来公司面试的新人。于是曹伟主动上前亮出了自己的身份，并提出想借一点车费去医院，到时候来公司找他。

其中一个个子稍矮皮肤黝黑的年轻人手正准备往兜里摸，但是却被他的同伴制止了，并且小声嘀咕道：“现在骗子这么多，你不怕自己受骗了？”

但这个小个子的年轻人却显得很大度，他说：“就骗这几十块钱，没事的。”

最后，曹伟还是成功地从那个小个子年轻人手上借到了几十块钱的打车费。

当他赶到医院时，母亲告诉他，父亲的病情并无大碍。在医院里待了一个上午，母亲就让曹伟赶紧回去，别耽误了工作。

回到公司时已经是下午了，父亲病情稳定，曹伟的心情也逐渐平静下来，到公司后，他问同事，今天中午公司里是不是来了两个面试的年轻人，面试怎么样？

同事都说：“这两个年轻人都不错，但是老总的意思是，最好是能够选一个最好的、最适合这份工作的。”

曹伟立刻翻出这两个人的简历，拿着两个人的简历，他走进老总的办公室，告诉了他自己一些意见……

最后的结果可想而知，曹伟认为那个小个子的年轻人为人很热心善良，而他的同伴却是一个处处对人设防的人，在他已经亮明身份的情况下仍然不肯伸出援手，这样的人相信也不是公司想要的。

曹伟其实并不认为他们俩在能力上有多大差距，但他觉得，一个热心，愿意去帮助别人，不那么敏感的人可能更适合这份工作。如果当时另外一个男孩子不表现出那么多的防备和戒心，或许对他自己来说也是一种美好的经历。

古人说，人性本善。其实人心本没有那么复杂，现在一些人在面对陌生人时的“聪明之举”其实说白了也是一种敏感，大家都害怕被骗，所以处处设防，处处敏感。也就是说，大家都没有办法去相信一个素未谋面的陌生人，所以每个人都必须要有自己的伪装和防卫。

这就好比是两个人互不相让，结果两败俱伤。但最佳的做法却是有一方松口，最后皆大欢喜。因为，并不是所有人的心都险恶无比，在适当的时候，我们应该要有足够的勇气去相信别人。

有句话叫“多一个朋友多一条路”，而我们每个人身边的朋友都是经历了从陌生到熟悉的这个阶段。如果抱着“人心都险恶”这样的态度，那无异于关上了自己和很多陌生人交流的机会，也无异于关上了很多机会之门。

当然，我们说相信别人并不是就要一味地去信任，有的时候自己应该要多留一些心，我们应该摒弃的是逢人便“防范”的做法。所以这就要求我们在面对一个陌生人时要进行足够多的交流和沟通，在确认对方可靠或者损失不会令自己无法承受的时候，那么不妨选择去相信人性中善良的一面，相信人没有那么复杂，也只有这样，我们自己才能活得更加简单。

烦恼不过是自己为难自己

人生在世，自然未能免俗。存活于红尘俗世中，自然免不了有诸多烦恼。君不见，名利场中琐事接踵而至，各种烦恼也随之而来，挥之不去。

人生为什么会有如此多的烦恼呢？佛曰：“一切烦恼皆由心生，也由心灭。”所谓快乐烦恼，都在一念之间，所有烦恼皆因自扰。其实也就是自己为难自己，甚至有很多人是在预支烦恼。

在生活当中，适度的未雨绸缪是好事，但凡事过犹不及。“天下本无事，庸人自扰之。”俗语也说：“君子忧天下，小人忧衣食，各为其难，各得其便。”小人物有小人物的烦恼，大人物有大人物的难处。求人难，被求者亦难；世间之事，不如意者常常十之八九，为局所迷，为事所难，历来如此。

现在的人容易烦恼，因为无形的时间表摆在他面前——几岁买房，几岁结婚，几岁要生孩子。人生难道可以设定吗？晚一步天就要塌下来么？别人有而你没有就要低人一等么？这是什么生活？我们的确有必要停下来好好问问自己：这时间表是谁定的，我们马不停蹄地追求所谓的“快乐”，究竟是我们想要的，还是别人放进我们心里的，还是大家把这些东西贴上一个共同的标签，告诉你这才是快乐。仅仅因为有“快乐”这层包装纸，你只看到外表，却忘了这个快乐的概念是谁帮你种下的。可是，谁规定不按照同一张时间表过人生，就没资格快乐了？

因此有人说，人有了欲望才有了烦恼，没有欲望的人是不会有烦恼的。

古希腊著名哲学家迪奥根尼与亚历山大大帝之间发生过这样一个有趣的故事：

迪奥根尼藐视权贵、藐视世俗，因此终身都十分贫穷。但他对哲学的研究却令许多人望尘莫及。有一天，迪奥根尼在一处广场上晒太阳，亚历山大大帝找到他，对他说：“先生，你有什么烦恼吗？”

迪奥根尼衣衫褴褛的坐在地上，面无表情地望着眼前的亚历山大大帝。

亚历山大大帝又问了一句：“先生，你有什么需要吗？”

迪奥根尼扬了扬手说：“陛下，我没什么需要，只求你站开一点，你挡着我晒太阳了。”

因为迪奥根尼对物质的欲望并不强烈，所以，亚历山大所认为的世俗困扰在他那里并不成立。而同样流传广泛的还有这样一个故事。

有位迟暮之年的富翁在冬日的暖阳下到海边散步，他看到一个渔夫也在悠闲地晒太阳，就问道：“你为什么不打渔呢？”

“我有必要天天打鱼吗？”渔夫反问。

“当然，那样你才能挣钱买大渔船呀！”

“买大渔船干什么？”

“你打的鱼多了就能成为富翁了。”

“成了富翁又怎么样？”

“你就不用打鱼了，可以幸福自在地晒太阳啦！”

“我不正在晒太阳嘛！”

富翁此时哑然。

试想一下，假如这位渔翁总想着打更多的鱼，买一条更大的渔船，那么他必定不能享受一刻的闲暇，因为在他心中，这个欲望总会冒出来提醒他：你一刻都不能休息。

在这两个故事中，迪奥根尼和亚历山大哪个更快乐？富翁和渔夫又哪个更快乐？亚历山大和富翁有那么多的烦恼，而迪奥根尼和一个贫穷的小渔翁却可以优哉游哉地晒太阳，这难道不值得人深思吗？

《泰坦尼克号的》男主人公杰克说过这么一句话：“享受并珍惜每一天，才能获得真正的快乐！”“人生不满百，常怀千岁忧”，即使不幸注定要在明天来临，你也没有必要今天就为它付出代价，今天有今天的事情，明天有明天的烦恼，我们何必用明天的烦恼来烦今天的自己呢？在短暂的人生中，我们没有必要想太多有关明天和未来的事，预想出来明天的烦恼，由此，便能获得内心的平静，体验到生命的淡然与从容之美。

糊涂的人或许更快乐

在我们的理解中，糊涂之意是不明事理，对事物的认识模糊或混乱。但郑板桥却告诉我们一句看似平淡却有味道的格言：难得糊涂。并且还告诉我们：“聪明难，糊涂难，由聪明而入糊涂更难。”

世间的万物，并非如溪水般清澈见底，人的想法亦不可能完全统一，待人、遇事有些时候不得不糊涂度过。愚蠢的人，别人会讥笑他；聪明的人，别人会怀疑他。只有内心聪明而外表看起来愚笨的人，才是真正的大智者，这便是糊涂哲学了，用糊涂哲学处事反而能够让自己过得更快乐些。

郑板桥的“难得糊涂”实际上是一种人生的至高哲学。正因为他看得太明白、太清楚、太透彻，却又对个中缘由无法解释，倘若解释了，更生烦恼，于是便装起糊涂，或说寻求逃遁之术。难得糊涂表面上看是一种愚蠢的行为，甚至会引人嘲笑，实际上难得糊涂是一种做人的境界，不仅不傻实乃聪明之至！糊涂是一种心态，一种做人的智慧。世上许多事，本没有搞那么清楚的必要，偶尔糊涂几下又有什么大碍呢?

第二次世界大战时，美国芝加哥的报纸报道说：美国的情报机构已破译了日本人的密码，得到了日军海上作战部署的确切情报……司令官海军上将尼米大为恼火，因为他们刚刚破解了密码，被报道出来，日本方定会改变密码，那他们的破解岂不是前功尽弃了吗?就写信给罗斯福总统，让他严查此事。但罗斯福总统却未对这家报纸如何得到消息做任何调查，只是说：“让一切顺其自然。”报纸按正常程序印发，日本人虽然也曾注意到芝加哥这家报纸的“独家新闻”，不过当观察到美国政府没有兴师问罪、采取严惩“泄密”措施，便大失所望，觉得又是美国新闻记者在哗众取宠，假新闻一条！日方不屑一顾，一直到中途岛之战打响前，都没想到更换密码。

果然，中途岛战役以美国人的胜利而告终。

一次，罗斯福总统在白宫接见尼米兹上将时，上将心中仍牵挂着那封信的事。忙问：“总统阁下，您为何不对泄露军事秘密的那家芝加哥报纸严加惩办?”

罗斯福总统反问：“假如对这家报纸兴师问罪的话，那么，不正说明这则‘独家新闻’确有价值吗?我们假装糊涂，不理不睬，日本人才会认为，这破译密码之说是纯属谣传，日本人在中途岛之战打响之前一直没有想到更换密码，不正好说明我们这么干自有过人之处吗?”

尼米兹上将恍然大悟：“啊，原来您是假装糊涂呀，我还在心里骂你是个‘糊涂’总统呢。”

聪明与糊涂本是一对矛盾的字眼，可我们总是喜欢倾向于“聪明”这个词。也许你会说，人嘛，当然要放聪明点，当然要为自己考虑，正所谓“人不为己，天诛地灭”。于是，在工作中因为“聪明”，便少不了尔虞我诈、钩心斗角；在生活中因为“聪明”，就有了相互算计、彼此猜疑；夫妻之间，因为“聪明”，凡事都会认真计较，评出个输赢才罢休。细想起来，有时候的失败，往往是过于关注细枝末节，这也许是因为自己过于“聪明”，大事小事都为自己考虑得太多的缘故。

小事不计较不在乎，表现得糊里糊涂，而大事不含糊的人属于大智若愚者；在小事上精明或自以为自己精明，别人都是傻瓜者，则属于大愚若智者。前者是一种深刻的大智慧，后者则是一种完全的弱智。真的聪明和真的糊涂，应该仅有一步之遥。如果我们把糊涂融入自己的做人之道，那么自己的人生就会游刃有余。

做人做事别太认真，难得糊涂一回，这样人生的视野就会变得分外宽广，成功的旅途就会变得坦荡无垠，获得快乐也就更加的简单。

不快之事的记忆只有三秒

据说，鱼是世界上最快乐的生物。其中的原因很有意思，因为鱼的记忆只有三秒。于是有人就想，如果人的记忆只有三秒那该如何?

假如人的记忆只有三秒，同样可以过得更快乐。但是由于人是一种高级的社会动物，不可能只用三秒的记忆来过日子、处理事情。所以我们不妨在这个假设上加一条限定：假如人对不快之事的记忆只有三秒，人会怎么样?

这样一来，这个假设就变得非常有意思了，假如一个人对不快之事的记忆只有三秒，那就不会想起伤心事、烦心事，当然可以过得更快乐。

从生理上来讲，让一个正常的人对不快之事只记三秒的确是不可能的。但从心理上来讲，人的确可以让自己淡化不快之事，并逐渐忘记它们。这种忘记有三层含义：

第一，不受不快之事的影响。是从心理层面上的一种“忘记”，而这种忘记其实正是一种“顿感”，这种人在生活当中也并不罕见。有的人可能无法忘掉不快乐的事，但他们不去回忆、不去纠结，这不快乐的事儿就如同是积压在心底的未开封的箱子，放在那里，只要不打开就不碍事。

第二，从不快之事中总结出一些道理和感悟，从而引导自己不再犯这样的错误。有了总结，不快的事情非但不能造成坏的影响，反而还能够给我们带来一定的好处。

第三，做好现在的事儿，定好明天的打算。这种忘记其实是一种替换，是一种用正能量压制负能量的方法。

刘巧是一家公司的职工，性格十分温顺，甚至可以说她反应比较迟钝。这个28岁的大姑娘至今都还没有结婚，在公司负责采购的工作。她对工作也是十分尽心尽力，可以说是有点玩命的，为此单位领导也都很喜欢她。渐渐地，大家都觉得她是个老好人。

有一次，单位要去偏远的湘西采购一批绿色农产品作为馈赠客户的礼物。周五晚上，采购部经理找到她和几位采购部的同事，对他们说：“这批产品急着要，我们不能等周一再过去了，这周五晚上你们几个跟我一起去吧。”

这几个人当时就愣住了，包括刘巧在内。因为如果周五去的话，就等于要牺牲自己两天的休息时间，这任谁都是不乐意的。人都是这样，工作时拼命归拼命，但下班时间你不能还让我拼命啊！刘巧是个老好人，嘴上她也没说，她觉得，既然公司需要，那就去做吧，心里也没有多少不快。

那个周末，采购部一行四人开车前去湘西，在湘西一个偏远的农产品基地逗留了两天，路上十分颠簸，有两个平时不晕车的同事都吐得七荤八素的。

周日晚上 12 点，一行人又从湘西返回，各自疲惫的回到家中，还没等她们入睡，采购部的主管发过来一条短信，告知他们，这次工作完成得很好，但明天是周一，公司要开会，每个人都必须到场，并且还需要提前一个小时。

这几位同事都表现得十分愤怒，我们累死累活地忙了两天，本来还想着老板应该利用工作日给我们放一天假，现在倒好，不但不放假还要照常开会，还要提前，还让不让人睡觉了。

想是这么想，但公司的制度谁也不能违抗，几个人第二天还是照常到公司来开会了，但这事儿并没有就这么过去。

会议结束之后，除了刘巧之外，去湘西的那几个同事就开始不停地发牢骚，跟身边的同事抱怨完了又去跟主管抱怨，就差借个胆去老板那儿骂人了。唯独刘巧，一个人默不作声地在那儿做事，一位要好的同事好心地走过去问她："巧儿，累不累啊!"

刘巧笑嘻嘻地对她说："有点累，但工作也得做不?"

同事问："你周末花了自己两天时间忙公司的事儿，心里怎么一点都不见气呀?"

刘巧说："哎呀，这种事儿也是没办法的，又不是老板针对我们，再去多想又何必呢?"

同事当时就乐了，觉得这小姑娘真是有觉悟。

那一天办公室除了刘巧，其他三位同事都在不停地唠叨，等到下班的时候，办公室突然得到消息，公司今天晚上聚餐。

这本来是一件好事儿，但周末去湘西的那几位同事就不高兴了。一个说："聚什么餐，我两天都没睡好，不得好好睡觉啊！还聚餐！

不去！”

另一个也附和道：“就是，一点都不考虑我们的心情，忙活了两天，郁闷死了，吃顿饭能解决吗？”

晚上聚餐照常进行，那三位采购部的同事的确没有过来，但刘巧却出现在了酒店里。这小姑娘一点事儿没有一样，还打扮了一番，跟大家在酒桌上开开心心地吃饭、聊天，完全感觉不出来心里有什么委屈。

有时候，人都应该学习刘巧的这种精神。事情过去了就让它过去，何必一直念念不忘呢？要知道，我们每说一次，其实内心又经历了一遍，带来的伤害已经加重了几倍。

忘掉不快其实就是给自己心里减压。不快的事情已经过去，再去反复咀嚼已经没有任何意义，何不忘掉呢？

如此说来，顿感的人在这一点上还真是好命。尽管事情也曾经让他们感觉到不快，但他们不敏感于不快之事，自然而然地，他们也就不会遭受“二次伤害”。这或许就是人们所说的“大智若愚”吧！这种顿感并不是内心的麻木，而是一种选择性的遗忘，对于快乐的事情，可以永远记得，因为那是美好的；但是对于不快之事，只让它们发生在那一刻就够了，这一刻，我们更多的是需要去追逐“快乐”。

南非前总统曼德拉为了争取黑人权益多次入狱，出狱后他意味深长地说：“当我走出囚室、迈向通往自由的监狱大门时，我已经清楚，自己若不能把悲痛与怨恨留在身后，那么我其实仍在狱中。”

原来“忘不掉”的人仍然在“狱中”，这句话发人深省。原来我们不停地

“揭伤疤”的行为只不过是让自己继续困在情绪的泥淖当中，一天不忘就一天在“狱中”，一辈子不忘就一辈子在“狱中”。

所以人不妨学做一条鱼，对不快乐的事情只保留三秒的记忆，做一个快乐阳光的人，健康幸福的生活，人生苦短，要过得顺畅，微笑起来，面对美好的明天。

只感受善就能远离恶

假如你身边的一个朋友对你特别的好，凡事总替你着想，你会怎样去想这个人和他的举动呢？

一些敏感的人可能就会觉得“无事献殷勤，非奸即盗”。除了自己亲人，世上还会有人对自己无条件的好吗？

一位30多岁的中年主管，讲述了自己曾经经历的一段故事：

仍然记得十几年前大学毕业时我刚进入职场那会，当时身上除了一些空洞的理论知识，几乎什么都不懂，虽然也很想问一些前辈工作上的事，但又有着新手天生“羞于启口”的毛病，所以在很长的一段时间内，我的工作能力都没有得到大的提升。

有一次，因为工作完成得不好，我被主管狠狠批评了一顿。当时我内心就瞬间冰冷了，由于工作能力的问题，我已经是不止一次受到上级的批评了。虽然我想尽快地提升自己的能力，但却苦于没有人教我。

我甚至还有了辞职的念头，既然都做不下去了，再待下去又有什么意义呢？

但正当我心情抑郁的时候，部门的副主管鲁建突然找到了我。

他先是给我加油打气，让我不要把主管的话放在心上，工作方面他也知道我的确已经尽力了。

面对他的好心开导我既感动又感到局促不安，关于工作的话我想找他倾诉，但是又总有些担心，所以我说话也变得吞吞吐吐起来。

看到我脸色如此尴尬，鲁建似乎也察觉到了什么，他小声地问我：“是不是还有什么难言之隐，咱们都是同事，你也不用拘束了，把心里的话跟我说吧。”

鲁副主管的鼓励让我鼓足了一丝勇气，于是我小声地说道：“建哥，我想让自己的工作能力有所提高，但是又不知道怎样去提高，我也不敢问……”

他好像是一下子就听明白了我的话一样，“不敢问别人是吧。”

他这番知心的话让我甚是感动，我又点了点头。

副主管沉默了一会，突然说道：“这样吧，以后你在工作当中碰到什么不懂的问题就尽管来找我，这个你不用担心，但是我想让你先给我个承诺，不懂就要问，半年之后我要看到一个不一样的你。”

当时我的心境可想而知，根据我所了解的那一点职场经验来看，别说是部门主管，就是与我“平辈”的同事，他们也不会无缘无故地帮我啊，我会有这么好的运气，碰到这样一个好人吗？

见我犹豫了一下，主管又笑着说：“你就只管用心学习，其他的什么都不用担心。”

我轻轻地点了点头，但是仍然没有对主管的话抱多大希望。

但是后来的事实证明，我当时的疑虑完全是多余的。鲁副主管不但在工作当中帮到了我，而且在生活上，他还好几次伸出援手，在我手头拮据的时候，也是他慷慨地借钱给我。

后来，我一直把主管当成是自己的知心朋友，两年后，我从那家公司辞职时，建哥并没有像别人那样百般挽留，因为他知道，我心里面有更大的梦想。

时至今日，我跟鲁建依然是最好的朋友，虽然他大我十岁左右，而且我们早已经不在一个城市，但是当年他对我无条件的帮助至今感动着我。

所以，这段经历也让我确信，人心并不是都那么复杂，有不拿好处就不帮忙的人，但也有像鲁副主管这样，可以无条件帮助下属的人。

有人说，人与人之间，如果没有最牢固的关系，那就几乎不存在无条件帮忙的情况。当然，他们这么说是根据自己的亲身经历得来的，子女上学、求人办事，在这些问题上，他们都是花下了大笔的金钱，所以再想让他们相信“人心简单，世上也有真好人”这样的话，其实已经很难了。

但是，造成这种现象的原因不仅仅是社会大背景的驱使，跟我们普通人也有脱不了的关系。

曾经有过这样一个故事。

一个刚毕业的大学生，他非常优秀，但是糟糕的就业环境让他的求职屡屡碰壁。在一次坐火车去某城市的路上，他碰到了一个人。

这个人是一家大型私企人力资源部的主管周望，两人恰好坐在一排的位子上，逐渐地就聊了起来。

在聊天的过程中，周望很欣赏这个年轻人的口才，于是答应他，会安排一天时间让他到自己公司来面试。

年轻人听到这样的话当然十分高兴，两人互留电话之后便分道扬镳。

周一早上，年轻人接到了这位周望的电话，让他九点半准时来公司面试。

年轻人当然很珍惜这次面试的机会，他在之前就已经做好了充足的准备。而最后的面试也进行得十分顺利，公司这边已经有了录用意向。

但接下来发生的一件事却断送了这个年轻人大好机会。

原来，这个年轻人觉得这个 HR 跟他非亲非故，帮他肯定是有目的的，于是他向家人要了点钱，给那位帮他的 HR 买了好烟和好酒，他觉得这样也算是一种“礼尚往来”。

但他却没有想到，他的这番举动引起了这个 HR 的反感：我好心帮你，你却觉得我是图利，真让人寒心。

没有了这名 HR 的支持，这个年轻人最后毫无悬念的落选了，而两人之后再也没有联系，年轻人买的那些烟酒也都原封不动地回到了自己手上。

这个故事也让我们看到，这世上不全是无私帮助别人的好人，但也不全是帮了一点忙就要拿好处的伪君子。如果你在一个好心帮助你的人面前玩这些小把戏，那结果不也如上文的故事那样，打了自己的脸吗？

这种行为其实就是一种“自作聪明”的过度敏感，总觉得世界上没有无缘无故的好，把一个简单的人、简单的事儿想的那么复杂，别人当然会感到被冒犯，那么不愉快的事情也就会理所当然的发生了。

这便是敏感之人的罪过之一，经常按照社会经验办事，以偏概全，最后也让自己遭了殃。

其实，人性本善，只要我们每个人都足够真诚、足够善良，那这世上也就没有了邪恶和狡诈生存的余地。我们应该宁愿去相信每个人，把别人想得简单些，也让自己能够活得更简单些。

幸福不需要做好100%的准备

CCTV曾播放了一组在街头随机采访普通人的新闻，采访主要只提及一个简单的问题——“你幸福吗?”

不同的人给出了不同的答案，有的人觉得自己非常幸福，有的人认为自己还没想那么多，这其中最让人哭笑不得的答案是一位来自清徐县北营村务工人员的回答——我姓曾。

在很多网友的心里，这位务工人员的回答可以说堪称经典，毕竟这是一个幸福感普遍缺乏的年代。央视记者在明知大伙幸不幸福的情况下，却还要明知故问，这个时候不好好地调侃她一把，似乎有点说不过去。但话又说回来，不管我们的生活有多么窘迫和艰难，每一个人的内心都应该有许多小小的幸福，幸福之于我们，绝对不是一个海市蜃楼般的传说。

至于幸福究竟是什么，谁也无法为它下一个明确的定义，这就好比“一千个读者，就有一千个哈姆雷特”。喜欢尼采哲学著作的人认为“你觉得幸福就幸福，你觉得不幸福就不幸福”。耽溺于物质享受的人会说“有吃有喝有玩才是真正的幸福”，忠实于精神追求的人觉得“人生得一知己才是幸福”，渴望爱情的人则认为“愿得一心人，白首不相离，幸福是也”。

其实无论从哪个角度来说，幸福无非就是内心的一种感觉。疲惫时，幸福是一张舒适的床；饥饿时，幸福是可口的饭菜；难过时，幸福是一句宽心的话语；孤独时，幸福是一杯无糖的咖啡。幸福总是无处不在，打个比方，当我们找到了理想的伴侣，过上了梦寐以求的生活时，我们感到很幸福；当我们上厕所时忘了带纸，正手足无措，最后发现有人从旁边递给了我们时，我们感到很幸福。

由此可见，人们感到幸福的内容虽各有不同，但幸福的感觉别无二致，因此幸福感是人的一种主观感觉，或者说是一种心理体验。而这也说明，获得幸福并不需要有100%的物质和条件，也不需要100%的准备，有时幸福会与我们不期而遇。

有一次，姜山的公司遇到了危机，仓库积压的产品销售不出去，办公室里一波又一波的要账客户让他焦头烂额。从来没有经历过失败的他，在那时真的感到了绝望。

早晨，当他迈着疲惫的步伐，带着一夜无眠的焦虑走进办公室时，竟然发现有三个客户正在等着他，准备和他签订合同，客户们都急需他仓库里的那批积压产品。

就那么短短一瞬间，原本灰心丧气的姜山竟然感觉到了幸福，无以名状的幸福感充斥着他的全身，他感觉灰蒙蒙的天一下子变蓝了，一切都是那么美好。从那以后，姜山再也不会因为工作上遇到一些困难，而丧失对生活的信心以及对幸福的期盼。他相信阳光总在风雨后，心转就能逢春，一个人幸不幸福，终究是掌握在自己的手里，世界上压根就没有人能决定你幸福与否。

有时候，幸福的到来就是那么出人意料，生活的波澜起伏或许会让我们暂时垂头丧气，不知道幸福为何物，但是只要我们始终保留对生活的热情，擦亮双眼，不断挖掘细小的幸福，我们就一定能顺利渡过难关，重新与内心的幸福感拥抱在一起。

由威尔·史密斯主演的电影《当幸福来敲门》，取材于美国的一位黑人投资专家的真实故事。威尔·史密斯在影片中成功地诠释出一位濒临破产、老婆离家出走的落魄业务员。在这样困窘的情况下，威尔·史密斯饰演的克里斯·加德纳始终没有自暴自弃，独自抚养儿子的他，一直勤奋努力地工作，最后终于成为一名出色的股市交易员。

如果说艰难的生活是一方孤寂干渴的沙漠，那克里斯·加德纳无疑透过了海市蜃楼的幻象，寻到了幸福的绿洲。大部分人都未曾有过克里斯·加德纳的困窘经历，按理说应该更容易遇见幸福来敲门，可为什么总是哀叹自己于幸福无缘呢？归根结底还是因为我们误以为幸福是一件奢侈品。

当我们转变心态之后，幸福就会化身为一件大众用品，不再是一个遥不可及的美丽传说。在劳累奔波一天后，看到家中的温暖灯光时，这是幸福；在夜深人静时阅读一本好书，也是幸福；在与老友小酌，倾听朋友诉说时，还是幸福……幸福就在我们身边，幸福来自生活中的小事，或许我们无法触碰到它，但我们的心时刻会真切地感受到它的存在。

有诗云：“薄酒可以忘忧，丑妇可与白头，徐行不必驷马，称身何须狐裘。”忘记忧愁何须名酒，携手到老何须美人，漫步野外何须骏马，穿衣打扮又何须华服？这首诗告诉我们，幸福不需要有100%的准备，有时幸福就藏在生活的细微处，只要我们能适当地放低自己的要求，懂得知足常乐，怜惜眼前的生活，我们就会发现寻常的饮水食蔬生活也有着幸福的滋味。

钝感才能让你生活在没有敌人的世界里

正所谓：“言者无心，听者有意。”如果你是一个说话口无遮拦的直肠子，人们或许会用这句话来告诫你，日后说话一定要看人下菜碟，万万不可说错话得罪了那些敏感的聪明人。

敏感的聪明人的痛苦所在——想得太复杂。很多时候既然是言者无心，又何苦作茧自缚，偏要误以为人家话中有话呢？

曾经读到过这么一个故事，古时候，有一位老爷请客，眼看着开饭的时间就要到了，竟然还有一大半的客人没有来。心急如焚的他当着众人的面，狠狠地说道："怎么搞的，该来的客人还不来？"

此话一出，大堂内一些敏感的客人听到了，都在暗暗地纳闷："该来的没来，那我们就是不该来的啰？"越想越觉得难受，最后他们都等不及向老爷告辞，就陆陆续续地离开了。

老爷一看又走掉好几位客人，越发焦急难耐，于是灰心丧气地感叹："真是急死我了，怎么这些不该走的客人，反倒是个个都走了呢？"

剩下的客人一听，也忍不住将老爷的这番话在自个儿的耳朵里绕了好几圈，心想："走了的是不该走的，那我们这些没走的倒是该走的了！"于是大家纷纷拂袖离去。

最后大堂内只剩下一个跟老爷较为亲近的朋友，看到这种尴尬的场面，就劝他说："你说话之前应该先考虑一下，否则说错了，就像覆盆之水一样，再也收不回来了。"老爷听了这番话，大喊冤枉，急忙解释说："我并不是叫他们走哇！"

谁知此话更是把最后这位朋友也给得罪了，只见他火冒三丈地对老爷吼道："不是叫他们走，那你就是叫我走了！"说完，他头也不回地离开了，徒留老爷一个人愣在原地，半晌说不出话来。

很多人都喜欢用这个例子来告诫像故事中的老爷那样"缺心眼"的人，与人交谈，措辞一定要谨慎，如果不考虑听者的立场，只会在无意中给他人造成内心的伤害，近而还产生一些不必要的误会，最后破坏两个人之间的友好关系。

其实，故事中的老爷确实有资格大呼"冤枉"。为什么这么说呢？相较于秉性憨厚略带小笨的老爷而言，大堂内的客人其实都是一群特别敏感的人，因为只有敏感的人才能听得出别人含蓄语句里的弦外之音。当然，有时也难免会有"聪明反被聪明误"的情况发生，因为把别人的话想得太过曲折，致使自己误解了他人的真实心意。

可是人世间有多少人是真的故意找你的麻烦呢？又有多少人是真的话中有话呢？故事中的老爷在家设宴招待宾客，邀请的人自然也是他非常看重的朋友，那些聪明的客人究竟有没有想到过这一点？为什么仅凭一两句话就断定老爷是在对他们下逐客令呢？

细细想来，这一连串误会的罪魁祸首还是那些太过聪慧敏感的客人，他们以为老爷的话绕，其实，最绕的反而是他们自己的耳朵！

大学毕业时，小李准备一个人出去旅行，地点是厦门鼓浪屿。朋友张灵得知此事之后，连忙打电话给他，问小李这次的背包旅行能不能捎上她。小李当然觉得没有问题，只是有些事情还是想事先就跟她说清楚，因为这一趟鼓浪屿之行可能不像她想象中的那么快乐。

一个同学曾去过鼓浪屿旅行，她回来告诉小李鼓浪屿其实并没有那么好玩，在那吃一顿的花费还蛮大，住宿也不是很便宜。而张灵生性比较节俭，所以还是提前跟她打声招呼比较好，这样她也好有心理准备，最后去不去由她自己决定，小李尊重她的任何选择。

“阿灵，我当然愿意跟你一起去，但是我还是想先告诉你一些事，以免你做出错误的决定哦。”小李语带诚恳地说道。

可话音刚落，电话那头突然没了声音。正当小李纳闷之际，只见电话里传来张灵的声音，语气有些失落，“是什么事啊？”

小李飞快地回道：“我同学告诉我，那边的吃住都不便宜，我怕你到时候去那边有点后悔，所以想事先跟你说一声。你看现在去还是不去？我都随你哦，尊重你的决定。”

“……那我还是不去了吧，祝你旅途愉快！”停顿了半晌，她突然闷闷地说道。还没等小李接腔，她又对小李说了一句“再见”，然后就匆匆地挂掉了电话。

没多想的小李只好一个人去鼓浪屿旅行，回来后有朋友告诉小李，张灵因为他不想和她一块去旅行，最后在家里哭了一整天。听到这个消息的小李，顿时石化在原地，半天都不知道作何反应。

看完这个故事，想必很多人都会觉得，这明显是张灵多虑了，因为故事中的小李说的话并没有太多的其他意思，这不好的意思都是张灵自己多想出来的。

但现实生活中像张灵这样的人还少吗？很多人在别人说一句什么话的时候总要费尽心思的去想，这话背后到底是什么意思，最后弄得自己精疲力竭还得不到答案。可事实又往往很简单，别人说的话可能并没有什么意思，更多的意思都是敏感人自己想出来的而已。

所以说，聪明人大多都是敏感的。因为他们足够聪明，足够深入到人心中的一些细节，但是，他们的聪明也往往会成为他们的负累，假如别人的话并没有什么意思，再去多想不是劳神费心了吗？

所以说，世上本无事，庸人自扰之。这庸人倒更像是聪明人的“多虑”，明明是一句很普通的话却成了最难理解的“弯弯绕”，到最后又是谁最吃亏呢？这样的话，人还不如活得钝感一点，对别人的话和行为别做太多的解读，让语言和行为回归信息表达的本质，这样，人或许能够过得更加开心。

第七章

DI QI ZHANG

人生本很苦，敏感只会让你更加苦

佛教常把人的一生比作“苦海”，我们唯有苦中作乐，才能给自己的生活增添些许色彩。如果执意选择敏感度日，那只会让我们的生命变得更加痛苦，看到别人的富贵，就往自己的心上撒盐；看到别人的幸福，就往自己的身上浇油。这又何必呢？攀比不能改变什么，只能带来更多的负累。对于我们来说，痛苦过是一天，快乐过也是一天，那么何不选择快乐地生活呢？

生活累，一半源于生存，一半源于攀比

在这个忙忙碌碌的社会当中，有多少人觉得自己是“一身轻松”的？没有社会学家对这个问题做过调查，相信原因也很简单，因为能够真心感受到自己一身轻松的人实在是太少了。

大多数人都会感觉生活很累，每天朝九晚五地上班，拼命挣钱，买房买车，养孩子，还有多少时间和精力留给自己去放松呢？

所以，生存上的压力是造成生活负累的一个重要原因。那我们又不得不再问一句，造成生活累的原因只有“生存”二字吗？

当然不是的，假如只是因为生存的压力，那么这个世界上大部分人都可以说自己没有压力了。在经济高速发展的今天，温饱问题已经不再是一个难题，所以，生存问题也不再是“压力”的主要来源了。

那么又是什么造成人感觉活得累呢？

答案还是两个字——攀比。自己刚吃饱，别人已经吃上山珍海味了；自己买了辆摩托车，别人已经开上小车了，物质之间的攀比很容易造成心灵的负累。

关于攀比，有这样一个寓言：两棵胡萝卜，一棵枝叶茂盛，地下的萝卜却很小，另一棵正好相反，萝卜硕壮，地上的秧子却特别萎靡。本来它俩相安无事，只因过路人的一句话，“你看这两棵胡萝卜，一个这样，另一个却那样。”

两棵胡萝卜听到路人的话，都觉得路人是在夸奖对方，两根萝卜心底就铆足了劲儿想长得更好一点，结果却双双枯萎。

这个故事道出了一种耐人寻味的现象：大家明明各自有各自的存在方式和理由，有各自的快乐，却因为攀比，快乐却一点一点地消失了。

不过话又说回来，生活中，其实我们也经常犯这样的盲目攀比病，总是不由自主地去羡慕别人所拥有的东西，比如，羡慕别人的工作，羡慕别人买的新房，羡慕别人的车子等等。很多人都忽视了一点，那就是我们自己也是别人所羡慕的对象。

有的人总喜欢攀比，但攀比之后却是异常地失落，结果总觉得事事不如人家。譬如，一个女人觉得自己不如A有钱，人家嫁了个有钱的老公，衣着光鲜，打扮入时，经常飞到香港去购物；不如B的生活那样充满温馨和浪漫，人家结婚虽然已经五年了，和老公仍然像热恋时那样如胶似漆；也不如C运气好，人家买彩票中了大奖，职场顺风又顺水。

但每个人都有闪光点，都有自己的优点。正如卞之琳在《断章》中所言："你站在桥上看风景，看风景人在楼上看你，明月装饰了你的窗子，你装饰了别人的梦。"人总是处在相互羡慕当中的，你羡慕着我，我羡慕着你，久而久之，时光和幸福都在盲目的羡慕中一去不复返。

我们之所以会盲目地羡慕别人，完全是因为我们都不满足于现状，脚下的路不好好走，两只眼睛只晓得到处乱瞟，最后只看得到人家的快乐，却看不到人家的痛苦。看自己就不一样了，满眼都是不如意之事，快乐幸福似乎没有丝毫立足之地。

如此矛盾就出来了，我们在羡慕别人的时候，别人恰好在羡慕我们；别人看见我们是快乐的，我们看自己却是痛苦的。其实我们应该学会调整自己的心态，不论生活和人生际遇呈现出什么样的面目，都应该坦然相待，怜取眼前的人和事，因为我们现在所拥有就是最好的。

常言道，家家有本难念的经，你羡慕我的好，我也羡慕你的好，如此一来，每个人心中都有了负累。

清朝倪元坦曾言："别人骑马我骑驴，自觉无颜常叹息。君试回头一察看，道旁还有赤脚夫。"如果我们喜欢拿自己和别人作比较，结果往往是"人比人气死人"。或许我们比不上别人，可这个世界上总有不如我们的人存在，无穷无尽地攀比，再怎么努力追赶和效仿，到头来还是“天外有天，人外有人”，何苦自寻烦恼呢？认识到这一点之后，请保持一颗平常心，快乐幸福地生活吧，要知道，人生最大的不幸，就是身在福中不知福。

其实，聪明的人应该把自己当做竞争对象，拿往昔和当下做比较，看看自己是否越来越年轻了，是否离自己期望的目标越来越接近了。不要总去盲目羡慕别人的长处，多关注一下自己的优势才是关键。或许我们没有别人的财富，没有别人成功的事业，没有别人显赫的权势，但我们拥有一个健康的身体、和睦幸福的家庭、贴心懂事的孩子……

欲变世界，先变其身

如果说人事是负累，相信很多成年人都对此深有体会。

而之所以把圈子限定在成年人，是因为当我们还是一个稚嫩的孩童时，我们所说的每一句话，即便再怎么欠考虑，再怎么刺痛人心，最后都会被当做“童言无忌”，从而大事化小，小事化了，又或是从一开始根本一点事儿都没有。

但是人长大之后，就必须要面临各种各样的问题，其中最令人头疼的便是“人际交往”了。长大之后，长辈告诉我们，要好好工作，努力挣钱，多做事，别惹事。在别人面前，什么话可以说，什么话不可以说。

压力接踵而至，因此，烦恼自然就出现了。

同一个人，在两个年龄阶段，却有两种不同的待遇，这如何不叫人唏嘘不已呢？清代小说家曹雪芹曾在《红楼梦》里颇有感慨地说道：“世事洞明皆学问，人情练达即文章。”由此可见，自古以来，为人处世的复杂就一直给人带来不少的痛苦和困惑，如何在这个纷繁复杂的社会上与人和谐相处，共享快乐，对于每一个人来说，归根结底都是一门不得不做足功课的大学问。

说到这，或许有人会借用哲学家萨特的名言“他人即地狱”来为自己的不通人情世故开脱，可偏偏不巧的是，有一个人用自己的真实经历驳斥了这一观点，此人就是长江实业集团有限公司的董事长李嘉诚先生。

关于李嘉诚，香港有一家报纸曾这样评价他：“李嘉诚发迹的经过，其实是一个典型青年奋斗成功的励志式故事，一个年轻小伙子，赤手空拳，凭着一股干劲儿勤俭好学，刻苦而劳，创立出自己的事业王国。”对于很多企业家来说，这样高的评价应该是穷尽毕生心力都难以追求到的，可李嘉诚却一点儿也不将其放在心上，他别出心裁地将自己的事业成功归功于“懂得做人的道理”。

每当有人向他讨教成功的秘诀，他总是不厌其烦地重复一句话：“要想在商业上取得成功，首先要懂得做人的道理，因为世情才是大学问。世界上每个人都精明，要令人家信服并喜欢和你交往，那才是最重要的。”

好一个“世情才是大学问”！其实，沉下心来仔细想想，李嘉诚的这句话确实一针见血。毕竟没有人是一座孤岛，不管是生活，还是工作，我们都免不了和人打交道，也免不了有求于人，同时更免不了获得他人的认可，赢得他人的尊重。若想成为一名成功的商人，光有一股勤俭好学、刻苦努力的劲儿，和一个精明清晰的头脑还远远不够，我们必须在为人处事各方面有着过人之处。

李嘉诚正是吃透了这一点，才在自己的身上狠下工夫，努力剔除性格里的“毒瘤”，日臻完善自己，最后成为一个集勤俭、诚实、勇敢、谦虚、自信、乐观、友善等品质于一身的人。试问，如此优秀的人，又怎么会俘获不了人心，又怎么会干不出一番骄人的事业呢？

既然李嘉诚是因为懂得为人处世的道理而名利双收的，那我们也可以就此得出一个结论，深谙世情远比我们想象的要重要多了。如果我们能更加深刻地认识自己，遇到问题多拿自己“开刀”，就能让自己成为一个更好的人。当我们成为一个更好的人后，我们在任何一段人际关系中都将做到游刃有余，处变不惊，最后获得对方的喜爱和认可，从而达成我们的目的。

圣雄甘地有这样一句名言：“欲变世界，先变其身。”在和他人打交道的过程中，我们手中仅有的筹码往往就是我们自己，因此，若想和对方建立一段良好的人际关系，我们除了先改变自己，实在找不到更好的捷径。

改变自己是一个艰难的蜕化过程，需要我们做很多的功夫。

首先，认清自己。

一个人只有认清了自己才能够改变自己。这就如同做一道作文题，如果连题目都读不懂，又怎么能够下笔如有神呢？作为一个敏感的人，我们可以通过多方面的渠道来认识自己，在与别人交往的过程中，我们对自己的每一个行为和想法都可以反躬自省，这件事我是不是做得太过分了？别人不高兴了肯定是因为我在某些方面没有做到位！这些想法需要我们大胆地去引导出来。

其次，多为别人考虑。

为自己考虑很简单，因为人的天性都是“自保”，但为别人考虑却不那么容易了。一个懂得为别人考虑的人需要做出一些牺牲，而这牺牲也并非是竹篮打水式的付出，我们要时刻铭记，我们今天做出的牺牲，在将来的某一天都会构成别人尊敬和喜欢我们的理由。

人事究竟是不是一场负累，我们还是别急着下定论。不过可以肯定的是，感觉人事是负累的人，一般都如李嘉诚先生所言：“心中装满着自己的看法与想法的人，永远听不见别人的心声。”如果我们太过于自爱和敏感，那自然会把身边的人全部看成是地狱，天天生活在地狱里，生命哪还有快乐可言？

行动固然是痛苦的，可总好过在原地打转，与其在观念的地狱里唉声叹气，还不如多花点心思钻研世情这门大学问。等哪一天，我们自己变得足够好了，我们即便身在地狱，地狱也会开出芬芳四溢的花朵。

别敏感于别人的富贵，活得富贵不等于活得幸福

孩子看着自己的好，庄稼看着别人地里的旺，这是一些攀比之人的通病。

如果仔细留意的话，我们经常能听到周围的人这样抱怨："我真羡慕你，工作那么清闲，没有压力，挣钱不多但生活也没有忧虑，每天下班都有充足的时间去享受天伦之乐。"而对方就说："我有什么好的？上班无所事事地在那儿等着到点下班，回家就是柴米油盐酱醋茶。工资低，想买什么都得算计，哪儿有你好，生活得既充实，又丰富。"

这种羡慕是人之常情，但有的人却因为敏感而让羡慕也变了味。

陈玲玲和张玉玉是大学的同班同学，两人在一个寝室里住了四年，是无话不说的好闺蜜。毕业之后二人又去了同一个城市打拼，感情仍然非常好。在毕业的头两年，她们每隔一两个星期都会出来吃顿饭、一起逛街。

这种状态一直维持到张玉玉的一些改变。

在毕业后的第三年，张玉玉经人介绍认识了自己的男朋友，这个男人比她大五岁，是一位本地人。两人在认识不到三个月之后就步入了婚姻殿堂。

起初，陈玲玲在听说这件事的时候也是非常高兴，在她看来，好朋友能够找到人生的归宿实在是太棒了。后来，陈玲玲知道了一些张玉玉

男朋友的事情，心里却怎么也高兴不起来了。

原来，张玉玉的男朋友非常能干，不到 30 岁就已经有了自己的公司，而且经营得非常不错。他在本地除了自家的房子之外，还买了一套房子，可以算是比较富足的。而张玉玉在结婚之后，生活状态明显也发生了改变，在她怀孕之后，老公就不再让她上班，而是让她在家中休养，每个月还给她一万多块零花钱。

张玉玉一个人在家无聊时，也经常会约陈玲玲出来逛街、购物，但陈玲玲却发现自己的这位朋友出手不再像以前那样了。陈玲玲之前的工作性质和张玉玉的类似，工资也都一样。但现在，陈玲玲仍然拿着这笔工资，而张玉玉坐在家里什么都不干拿的钱都比陈玲玲的多，二人购物时，以前两人都嫌贵的东西张玉玉能买了，但陈玲玲仍然是望而却步。

这些事情逐渐地多了起来，陈玲玲心中也开始出现了明显的变化，她觉得朋友很走运，嫁了个好老公，现在日子比自己过得好多了。她的心态由祝福到羡慕最后演变成了嫉妒。

两人之间的关系也开始出现了裂痕。

但实际上，张玉玉就真如陈玲玲眼中看到的那般幸福吗？其实并不是。尽管张玉玉怀孕之后不用去工作了，但是她一天到晚闲在家里十分无聊。而她的丈夫也并非如别人眼中的那般好，他每天的工作都很忙，很难抽出什么时间来陪自己的妻子。而且，随着两人认识的时间久了，张玉玉也发现自己的老公其实是一个非常花心的男人，在她怀孕的这段时间内，她的丈夫经常在外花天酒地，还有风言风语说他在外面养了女人。

这一切，张玉玉都压在了心里，并没有对任何人说过。因为她也是好面子的女人，她不想让别人在她背后戳脊梁骨，于是，经常装出一副十分幸福的样子。

而这些，陈玲玲一概不知。

很多人都问过这样的问题，“富贵就一定能够带来幸福吗”？要解答这个问题，我们首先必须要弄清楚，富贵与幸福有无关系？

物质上的充盈能够给一个人带来更多的享受，也能够让一个人有更多的时间和精力用在寻求快乐上。但如果有人问，“富贵就一定能够带来幸福吗”？答案却是否定的，因为富贵与幸福这两者之间其实并无必然的关系，也就是说，一个富贵的人不一定就是一个能够时刻幸福的人。同样的道理，一个贫穷的人也不一定就非得是一个活得不幸福的人。

既然如此，人为什么要敏感于他人的幸福呢？

斯坦福大学有一份研究报告指出：“人们在判断同伴的内心世界时存在系统的偏见，往往低估其消极情绪的普遍性……有时，人们会认为自己是唯一处于情绪困境的人，其实则不然。”研究者认为，这很大程度上是因为人们会有意无意地隐藏自己的负面感受。

每个人都在观望别人，然而，每个人看到的都只是表象，它降低了人们的幸福感。信息不对称就是指我们无法很全面地掌握别人的信息，而只知道自己的一些东西，就没办法通过科学的比较而得出结论。我们很了解自己为了得到现在拥有的东西付出过怎样的努力和艰辛，而别人付出的努力，我们不可能完全了解。因此，在我们看来，似乎自己得到一些东西总是比别人得到这些要艰难。

其实，这个世界上没有免费的午餐，付出与得到总是成正比，不要羡慕别人拥有的东西，珍惜手头上的幸福，才是人生的真谛。

不跟别人比幸运，只跟别人比毅力

不知道大家有没有发现，一个敏感的人一般是喜欢抱怨的人。因为敏感，他们感觉烦心的事儿也就多了，所以，我们经常能够听到敏感之人的自怨自艾。这些人每天抱怨自己有哪里不如别人、哪里比别人差，这是一种非常可怕的心态。因为一个只知道抱怨的人是无法让自己做出过多改变的。而且，这类人其实并没有看到这样一个的事实：这个世界上不幸运的人总比幸运的人多，幸运女神不可能眷顾到每一个人。

但我们的确要向那些幸运的人看齐，因为他们身上有太多我们可以学习到的地方。马云是很多人喜欢和敬佩的中国企业家，在他的身上，让人看到了很多的智慧。

马云曾说过，一个人的成功需要一些运气。但他也说，一个人有走运的时候，也一定会有倒霉的时候。所以，马云从来不将希望寄托在“运气”上。而纵观历史上的那些成功者，他们并非都是最幸运的，事实上，他们的一生中还经常伴随着不幸。而反观一些平庸者，他们中有无数人都是在好运气中碌碌无为度过的。马云的一生也充满了“不幸运”，但他却从未因此而沉沦。

一些人把马云的成功归结为互联网的兴起，认为马云是赶上了一个最好的时代，他之所以能成就大业，还是靠好得离奇的运气。

对于这种观点，一句话便可反驳——为什么幸运只降临到马云身上，而不是你、我、他呢？时代给了每一个人商机，但是能将这“商业”打造成一个“商业帝国”的人却凤毛麟角。马云是其中一个，而且马云的运气从来都不是最好的一个！

1964 年，马云出生在杭州的一户普通人家，没有显赫的背景，没有殷实的家境，小时候他的读书成绩也并非那么理想，重点高中考了三次，大学又考了三次，直到 1984 年，他才勉强被杭州师范学院以专科生录取。

从家境、学历上来讲，马云并不幸运。

读书期间，马云的梦想是去酒店工作，或者去当一名人民警察也好。但无一例外的是，他的这些梦想都因为客观条件而搁浅。这两个职业对个人形象有特殊的要求，但马云的外形条件和身体条件都非常糟糕：不到1.7米的身高，瘦骨嶙峋；长相也很怪异，经常被人调侃“长得像外星人”。

从自身外在条件来讲，马云非但不幸运，还有些不幸。

而马云在创业时，他的运气也好不到哪儿去。

1992年，马云和几个朋友一起成立了海博翻译社。当时马云每个月的工资不过一两百元，海博翻译社第一个月的收入是700元，而房租就达到了2000多元。不像那些家境殷实的人，当时的他几乎找不到任何可以为他提供资金的人。

在创办阿里巴巴之前，马云还只是听说过互联网。直到1995年，他因公去美国，才第一次正式接触到互联网。在回国之后，他就开始做“中国黄页”。做“中国黄页”时，他找了很多朋友，希望能一起合伙去做，但朋友们听到建议后都反对马云做这一行：“你开酒吧，开饭店，办个夜校，都行，就是干这个不行。”最后与他一同创业的只有他的妻子和一位朋友，三个人总共凑了两万块钱，就轰轰烈烈地搞了起来。

但此时马云又存在先天性不足，因为他接触互联网比较晚，几乎是以一个“门外汉”的身份开始创业的。在中国，像他这样的IT业创始人并不多。比如腾讯创始人马化腾是深圳大学计算机专业的高材生，在创办腾讯之前，他在一家通讯公司主管互联网业务，理论和经验两手都硬。而当时的马云却几乎什么都不懂，再加上没有口碑和推广资源，因此，“中国黄页”的初期发展面临着极其艰巨的考验。

一个个事例都在说明，马云其实没那么幸运。

马云从来没有把人生的赌注放在“运气”上。他说：“永远不要跟别人比幸运，我从来也没想过自己会比别人幸运，我也许比他们更有毅力，在最困难的时候，他们熬不住了，我可以多熬一秒钟、两秒钟。”

没错，马云正是用心态和努力来克服一切“霉运”。为了培养自己的英语能力，马云从 12 岁开始每周都去杭州的宾馆跟老外交流，一直坚持了 9 年，最后英语成为了他的骄傲；为了上大学，重考三次又何妨？他相信自己，他不在乎别人的冷言冷语，于是他埋头学习，最后终于圆梦。第一次创业时，公司的生存都面临着问题，但马云却依然乐观，他觉得做翻译社可以赚钱，那就会坚持不懈地走下去。为了摆脱困境，马云背着麻布袋到广州和义务进货，带头卖一些小礼品、衣服，用这笔钱来维持翻译社的日常运营，三年后，海博翻译社也开始盈利；第二次创业时，缺技术、缺资金、缺渠道，被打击、被拒绝、被嘲笑，但马云却仍然斗志昂扬，一转身，他就又收起名片走向下一位潜在客户。

在面对困难时，马云摆正了自己的心态。他没有一味地抱怨自己不走运，在最困难的时候，他也没有让自己被不幸和悲观打倒。

其实，人生固然需要运气，但运气也无法决定一切。无论是个人还是企业，都不能将全部的希望寄托在运气上。因为不是每个人生下来就可以含着金钥匙，也不是谁一下子就能拥有成就事业的所有条件。

人在生活中难免会遇到各种问题：工作不顺心、创业失败、前途渺茫。一些人会抱怨自己没有别人那么好的运气，大学毕业了，抱怨没有赶上分配工作的年代；创业之前，抱怨条件不够；创业之后，抱怨资源比别人要少。林林总总的抱怨，折射出的正是一个人心态的错位。这种错位的心态可能直接导致一个人斗志消沉、浑浑噩噩，最后只能原地踏步甚至是退步。

我们是否想过，这个世界上有那么多人与我们一样，都没有显赫的背景，招之即来的资源，他们为什么能完成自己的梦想呢？而且，我们遭遇的一些问题别人同样也会遇到，为什么别人熬过来了，你却倒下了呢？

答案只有一句话：运气并不是关键，关键在于我们在面对困难时，是否有足够好的心态，是否有足够持久的耐力。

心理学家罗伯特洛西斯说过："你想着自己是什么样的人，你就会成为什么样的人。"一个人如果一直执念于自己的不幸，那么他最后可能真的就变成了一个不幸的人。所以，何必与别人比不幸呢？不妨向马云学习，在任何时候，都不要跟别人比运气，而是用毅力、努力和实力与别人一较高低！

抱最大的希望，尽最大的努力，做最坏的打算

我们知道，这个世界上有太多的事情是我们无法左右的，生、老、病、死，这是每个人都必须要经历的。当然，这四点是自然规律，人类本身无力与之抗衡。

在生活中，我们也会遭遇各种各样的难题：工作遭遇困难、经济拮据、婚姻亮起红灯……这是现代都市人普遍遭遇的问题。

这些困难都是可以得到解决的，但并不是所有的人都能解决，因为这要取决于个人采用的方法。

有的人在遭遇困难时会本能地选择逃避，因为他们觉得自己无法解决，于是就将逃避作为了首选。但我们都知道，面对困难时，逃避是一种最糟糕的选择。因为它不但无益于解决难题，反而会让一个人变得消沉，在以后面对困难时也会不堪一击。

那么正确地方法是什么？当然是面对。只有面对困难，才能够解决困难。而在面对的时候需要有什么样的心态也十分重要，因为有一个良好的心态，困难就已经解决了一半。

一般来说，人在面对问题时，会最先思考以下三个问题：

第一，这个事情我能解决吗？

第二，我需要做多大的努力？

第三，最坏的情况是什么呢？

这三个问题是一个人在面对问题时都要考虑的。因此，我们可以针对这三个问题为自己解决问题指定一个最合理的步骤：

首先，抱最大的希望。在任何时候，哀莫大于心死。一个人如果过于悲观，认为事情永远无法得到解决，那么他可能在还没有迈出第一步的时候就已经选择了逃避。这样的话，困难还在那里，永远也得不到解决。

在 NBA 赛场上，有一个非常有意思的现象。在一场比赛进行到最后一节的最后 2 分钟时，只要双方的比分差距在 10 分以内，落后一方都不会放弃。他们会采取更加勇猛的打法缩小比分，并坚持到最后一刻。有的人可能会觉得，在最后两分钟落后 10 分的情况下很难追回，转败为胜的概率不超过一成。

但这毕竟是有希望的，而这种希望也是有人证明过的。2004 年 12 月 9 日，火箭主场大战马刺，在比赛结束前 1 分 02 秒，火箭队落后 10 分。此时，所有人都认为胜负已分，场馆内的观众也开始逐渐退场。

但此时的火箭队并没有放弃，他们仍然将主力球员放在球场上，在最后这一分钟，他们做着别人眼里的“无用功”。

但神奇就是这样发生的，在这最后时刻，火箭队凭主力明星球员麦迪的发挥，他在 35 秒内狂砍 13 分，分别是 35 秒时一个三分，24.3 秒时一个三加一（三分加一个罚球），11.2 秒时一个三分，及最后 1.9 秒时一个三分绝杀，火箭神奇般的以 81∶80 战胜马刺。

这场比赛也被人称为“麦迪时刻”“奇迹时刻”。试想，如果当时火箭队的教练丧失了希望，换下替补球员，或者麦迪也心灰意冷，觉得翻盘无望，那么这场比赛还能够成为一场经典吗？

其次，要尽最大的努力。解决问题需要人的能动力，问题不会自己瓦解，因为，一个人能够付出多大的努力去解决问题也决定着这个问题是否能被解决。

中国有句古话叫“尽人事听天命”，说的就是人要尽最大的努力。试想，如果一个人在面对困难时还保留实力，草草应付，那跟放任不管有什么区别。

“愚公移山”的故事想必很多人都听说过，愚公是一位居住在北山的老人，年近九十岁。因为依山而居，交通十分不方便，进进出出都要绕远路，于是，他召集全家来商量说：“我和你们尽全力铲除险峻的大山，使道路一直通向豫州的南部，到达汉水南岸，可以吗？”

家庭成员纷纷表示赞成。唯独妻子提出疑问说：“凭借您的力气，连魁父这座小山都不能削平，能把太行、王屋这两座山怎么样呢？况且把土石放到哪里去呢？”

愚公却说：“我们可以把它扔到渤海的边上去，隐土的北面。”于是愚公率领子孙中能挑担子的几个人，凿石挖掘泥土用簸箕装土石运到渤海的边上。邻居京城氏的寡妇有个没有父亲的儿子，刚刚换牙，跳着去帮助他们。冬夏换季，才往返一次。

移山的举动遭到了他人的嘲讽，有人说：“你太傻了！就凭你衰残的年龄和剩下的力量，连山上的一棵草都不能损坏，又能把这两座大山上的土石怎么样呢？”

愚公说：“即使我死了，我还有儿子在；儿子又生孙子，孙子又生儿子；儿子又有儿子，儿子又有孙子；子子孙孙没有穷尽，然而山却不会加大增高，愁什么山挖不平？”

愚公没有理会旁人的冷言冷语，而是继续埋头苦干。终于，他的举动惊动了上天，天帝被他感动，派了两位大神将两座山都搬走了。

愚公尽了最大的努力，尽管他并非是凭借自己和子孙的力量移走了大山，但他的目标还是实现了。

最后，还要做最坏的打算。这是一种心理预防措施，也就是一种心理建设。当我们做一件事情时，抱着最大的希望、尽了最大的努力还不够，还要考虑一下最糟糕的结果。这种心理建设是非常重要的，因为当我们做好了最坏的打算，那么这个事情再怎么样也不会超出我们的心理预期，就算事情没有得到解决，也不会留下太多的遗憾。

抱最大的希望，尽最大的努力，做最坏的打算。这其实是一个递进的过程，我们对什么事都心存希望，所以我们才愿意尽力去做，希望越大，努力越大。而做最坏的打算则是给自己的努力上一道“心灵保险”，告诉自己，就算失败了，也不过如此。

生活是自己的，不要用别人的标准框定自己的人生

在社会竞争压力日益加大的今天，一些年轻人或多或少都会有这样的抱怨，“房子、车子、票子、孩子，子子压死人，人为什么要活得这么累?”

其实我们都知道，并不是每个人都愿意生活在这种压力之下，但为什么那么多人前赴后继，牺牲自己大好的青春去为房子车子而奋斗呢?假如他们不是自己热衷于这些，又是什么促使他们义无反顾地为之倾倒呢?

答案很简单——世俗的框架。这个世俗的框架也可以说是别人的标准。为什么很多父母在择婿时都要求男方有车有房?因为他们是用别人的标准，既然别人结婚都有车有房，我的女儿结婚当然也需要这些。而这种标准在潜移默化之中就成为了我们的行事准则，甚至会发展到，就算没有他人的要求，我们也会用这种标准来框定自己的人生。

人很容易受环境的影响，有时候是一种约定俗成的习惯，有时候甚至是别人的几句话。

在前文中我们讲述过一对父子骑驴的故事，看完这个故事后，很多人一定感觉很好笑，但笑过以后你又有何感想呢？其实在实际生活中我们也经常这样做：做事或处理问题没有自己的想法，或自己虽有思想，但常屈从于他人的看法而改变自己的想法，人云亦云，随波逐流，一味讨好和迎合别人，最终失去自己的底线。

我们要做事，周围的朋友和亲人会给提出许多的意见和建议。当然这些意见和建议都是从他们自己的角度考虑的，或者是为了关心我们。因此，这些意见和建议也许可行，也许根本无用。别人的标准并不一定是全部正确的，我们每个人都有自己的认识，所以何必用别人的标准来衡量自己。当然，这并不是说我们做事完全取决自己的想法，那样我们就太自负了。如果别人的意见有可取之处，哪怕是来自“敌人”的意见，我们也应该吸取。但这和丧失自己的主见，屈从于他人不公正的议论是两码事。许多人会在意别人对自己的看法，希望得到所有人的认可，结果平添出很多的烦恼。我们不可能让所有的人都对着自己唱赞歌，总会有那么一些不入耳的声音，千万不要因此而坏了心情。人无完人，只要我们凡事努力了，任何时候都问心无愧，那么就“走自己的路，让别人去说吧”。

做人要独立，独立的人都是有自己的主见的人。有主见的人才不会人云亦云，随波逐流，才不会在关键时刻屈从于他人。有些时候，只要自己的想法与言行是正确的，又何必在乎一些庸人的闲言碎语呢？

其实，很多人不知道，在心理学上，从众心理是一种害怕自己被边缘化的心理。也就是说，人们将别人的框架套在自己身上并不是认为这框架是对的，而是我们太在意别人的感觉。因为太在意别人的看法，所以我们干脆跟着别人的看法来。但如果我们一直活在别人的目光下，那么属于我们自己的生命还有多少呢？

三毛曾经说过：“生命短促，没有时间可以浪费，一切随心自由才是应该努力去追求的，别人如何议论和看待我，便是那么无足轻重了。”真正能够沉淀下来的，总是有分量的；浮在水面上的，毕竟是轻小的东西。且让我们在属于我们自己的人生道路上昂首挺胸地一步步走过，只要认为自己做得对，做的问心无愧，不必在意别人的看法，不必去理会别人如何议论自己的是非，把信心留给自己，做生活的强者，永远向着自己追求的目标，执着地走自己的路。

台湾知名主持人曹启泰曾经给年轻人打气：“你一定要去感觉，因为你身上一定有别人跟不上你的地方，不管是生理的、精神的、思想的、行为的……请把那一点极度扩展、千倍膨胀、据为己有，不用客气，因为那本来就是你的。”

每个人都可以是独特的，所以何必用别人的标准来衡量自己呢？我们知道自己想要什么，不想要什么，便不会执着于别人的标准。只有这样，我们才能够真正地做自己，并为自己的人生打造出一个只属于自己的轨迹！

幸福不是生活的赐予，而是心灵的领悟

很多人都有这样的感受，小时候不知道什么是快乐，反而能够感受到快乐；长大之后，每个人都理解了快乐的涵义，快乐却是那么的遥不可及。为什么长大了的我们，有了更多的零花钱、有了更多的自由空间、有了更强壮的身体，却不能拥有更好的快乐。

在富裕的年代，快乐似乎被定格为物质上的享受——穿着名牌，吃着海鲜，用最先进的手机，去最著名的景点……灯红酒绿的世界迷惑了我们的双眼，幸福是什么？到头来，不过是用丰富的物质弥补空虚的心灵罢了。当一次次短暂的满足之后，幸福在哪里，幸福来源于哪里？

李红是一位老师，她认识另外一所学校的年级主任，听别人说他是这所学校最受欢迎的人，深受老师和学生的喜爱。因为这个年纪主任总是保持着微笑的脸，让谁看着都舒心。有时某位老师向他请个假，即使因为客观情况不能批假，他也会微笑而耐心地说出原因，让对方有个好心情。

但后来李红才知道，这位年纪主任其实在生活中遭遇了很多困难。比如说他的儿子成绩不是很好，没有考上好大学，最后去上了大专。但他却十分开心地教育儿子，“三十六行，行行出状元，没考上好大学不要紧，以后做别的一样能有出息。”

后来他的儿子大专毕业，在一家通信公司干了两年就自己创业，如今这个 28 岁的年轻人已经是一家公司的老板。

这便是一个开心之人的处世之道，尽管生活并不是一帆风顺，但他的内心却总是一帆风顺。有一档综艺节目，叫《向幸福出发》，没有幸福感的人多看看这个节目一定会幸福的，它提醒着我们幸福就在身边：一位瘫痪的女孩嫁给了千里之外的小伙子，小伙子平常给她洗脸，洗脚，喂她吃饭，女孩唱了一首《隐形的翅膀》送给她的爱人，并说了一句让人难忘的话：“我觉得我最大的幸福就是能和爸爸、妈妈、爱人和两个弟弟一家人在一起。”

每个人心中都有一把幸福的标尺，因此幸福就没有绝对的答案了，关键在于你对待生活的态度。善于抓住幸福的人才懂得什么是幸福，一直以为感受幸福是件很困难的事，那是一种灯火阑珊处的境界，经过岁月的流年以后才明白，幸福其实很简单，只要心灵有所满足、有所慰藉就是幸福。健康地活着就是一种莫大的幸福，真正的幸福就是一种对爱的感受，只要我们有一颗感恩的心，幸福就会处处存在。

所以说，幸福并不一定来自生活的赐予，很多时候，内心的顿悟也能够带来幸福。

因此，生活中的不得志，不如意，不顺心，我们要勇敢面对，接受事实，保持好心情，乐观地继续前进。用快乐去面对生活，面对每一天，就会发现生活的美好与真谛了。

卡耐基曾讲过一个关于学员保持快乐的经验故事。

司丹·只德是某证券交易所的会员，他靠买卖证券谋生。这是个令人紧张的行业，司丹说他结婚快二十年，几乎每天都是周而复始地工作、机械地生活。他说他是百老汇行人街上脾气最差的一个。

一次偶然的机会，司丹参加了卡耐基“幸福课程”，这个课程的最终目的是让人保持快乐和幸福。在当天，司丹被告知要完成一个作业，每天对人微笑。

“次日早上，我看着镜子中的沉闷面孔，对自己说，司丹，你今天要一扫你的愁容，你要微笑，从现在开始。吃早餐时，我向妻子招呼说：亲爱的，早！我说的时候微笑着。”

“卡耐基曾提示我，她或许会惊讶。可这对她反应的估计太低了，她简直迷惑了、惊呆了。我告诉她，这个将成为日常的事情。”

一段时间下来，司丹发生了巨大的变化，他后来说道：“我这样改变态度已有两个月，这两个月中，我们家庭所得的快乐，比去年一年中所有的还多。我不仅在家里尝试使用微笑，在路上，在办公的地方，在工作中遇到人时都试着微笑。不久我发觉，人人都反过来对我也微笑。我觉得在调解矛盾时采用微笑要容易成功得多，我觉得微笑每天都带给我许多财富。”

“有一个同办公室的年轻人说，他当初认识我时，以为我是个可怕的坏脾气的人，现在他改变了看法，他说我微笑的时候真慈祥。”

“我学会了保持微笑，这改变了我的人生。现在，不但我自己快乐，也给别人带来快乐，因而我的生意也越来越好。”

是的，微笑可以改变我们的心态，让一个人变得快乐，而这种快乐也会感染和改变我们身边的一些人。快乐和幸福是最难获得的，因为总有那么多不开心的事情发生，而快乐和幸福又是最容易获得的，因为一个身无分文流落街头的乞丐都能够感受到快乐，而快乐的力量也是无穷无尽的。

因此，在生活中，不管发生了多大的困难，我们都要保持着快乐，平和的心态去面对，这是最好的方法和态度。记住，假如我们转身面向阳光，身子就不可能陷在黑暗的阴影里。快乐可以发自内心，不卑不亢，既不是对弱者的愚弄，也不是对强者的奉承。因为快乐是廉价的，它几乎不需要任何成本，那我们又何必让自己陷入糟糕的心情当中呢？

第八章
DI BA ZHANG

别让“敏感”成为社交的障碍

生活中，敏感常常是逞强的代名词，凡事喜欢争强好胜、不甘吃亏的人，总能把身边的人一个个逼走，最后沦为“孤家寡人”。对于人际交往来说，敏感无疑是最大的障碍之一，为了能顺利俘获人心，我们就要时刻肩负起扫除内心敏感的重任，多站在别人的角度想问题，别人的心自然而然会站到我们这边来。

做人太敏感，容易沦落为“孤家寡人”

世界上最孤独的人莫过于古代的帝王，因此，他们总是自称为“孤家”或是“寡人”。而现如今，许多人没有皇帝的命，却得了皇帝的“病”。这个“病”名叫“亲和力缺乏症”，通俗一点讲，就是不招人待见。

人在社会混，哪能没朋友？交际圈亦是一个小型的社会，处处讲究团队合作，单枪匹马、孤军奋战的结果只能是人死马亡，惨淡收场。我们要想在人生的战场上顺利地保全自己，就不得不和身边的老板、同事、朋友、家人打好关系，努力培养自己的亲和力，最终做到人见人爱，花见花开。

而“敏感”往往是亲和力的克星。一个敏感的人，往往也是一个毫无职场亲和力的人，在人际关系的处理上会非常的被动。

黄盼是一个容貌秀丽、能力出众的女孩，按理说，凭她这样的好条件，公司的同事和老板应该都会对她另眼相看，心存好感。可是，黄盼却有一个毛病——非常的敏感。为了不与他人产生过多的纠葛，她展现在其他人面前的永远是一种清高孤僻的冷漠姿态，硬生生把自己塑造成出淤泥而不染的幽莲，众人“只可远观，而不可亵玩焉”。

有一次，同事李波家里临时有事，急需回家一趟，可她手头上的工作还剩下一点点没有完成，于是，她只好拜托办公室里的其他同事帮她一把。

不凑巧的是，平日里几个玩得好的同事都忙得焦头烂额，根本是有心无力，没法揽下她的活儿。正当她左右为难之际，脑海里突然窜出黄盼那一张毫无笑意的脸，难道只能找这个办公室出了名的“冰美人”帮忙吗？

李波实在是没有办法，她鼓起勇气对黄盼说道：“盼盼姐，您能帮我一个忙吗?”

黄盼淡淡地瞥了她一眼，立刻觉得对方不怀好意，她毫不客气地回道：“有何贵干，不妨直说，别耽误我的时间!”

此话一出犹如晴天霹雳，顿时让李波哑口无言，她直愣愣地立在原地，眼睛瞪得比铜铃还大，似乎不敢相信黄盼这张美丽的红唇里竟然会吐出如此冰冷的语句。

难怪办公室的其他同事都不大喜欢黄盼，刚进公司不久的她，起初还以为黄盼之所以受到同事们的孤立排挤，完全是因为“人红是非多”。

照现在看来，她的想法实在是大错特错，“我有急事需要回家一趟，可我手头上还有一份文件没有整理好，您……”尽管被泼冷水，她还是想再尝试一次，毕竟现在只有黄盼可以帮自己的忙了。

“不能!”然而，还没等李波把话说完，黄盼就再次吐出直截了当的拒绝。她冷冷地扫视了李波一眼，心里在想，她这么做一定是想算计我，我平时工作就很忙，她还让我给她帮忙，万一办砸了这黑锅还得我背。

这“不能”二字让李波颜面扫地，整张脸气得时青时白，她窝火地回到自己的座位，一语不发。

没过多久，有同事将此事反映给了公司老总，这下可好，公司老总原本就看不惯黄盼的作风，此事无疑是火上浇油。在不久之后的员工大会上，他当着众人的面，狠狠地批评了黄盼一顿，直言她的为人处世大有问题。

从这个故事中，我们可以看出，像黄盼这种职场“孤家寡人”的烦恼根源正在于做人太过敏感，容易多想，缺乏亲和力。其实诸位可不要小觑敏感，一个敏感的人很难与人建立和谐的工作环境，与朋友建立和谐的交往关系，感受人与人之间的温暖和关爱。

黄盼应该明白的一点就是，姣好的容貌和出色的工作能力并不是完胜职场的唯一法宝，单打独斗没法在这样一个合作型的社会上取得骄人的业绩。对身边的同事冷漠相待，总以为自己有才能就不用有求于人，更不想伸出援手帮他人一把，这种不近人情的做法又如何能不让人对你心怀怨恨和不满呢？

交际场上的“孤家寡人”让人诟病的无外乎两点，一是性格问题，二是人品问题。性格上，我们要时刻提醒自己，不要太过敏感，别人的话可能很简单，没有什么大不了的，我们应当竭尽全力做到随和友善，绝不能像浑身带刺的仙人掌一样，毫不留情地扎伤别人；人品上，我们务必牢记“可靠”二字，时刻展现自己的靠谱和忠诚，让人打心眼里滋生出一股强而有力的安全感和信赖感。

只有在性格和人品上不断地去完善自己，打磨自己，我们才能打造出让众人趋之若鹜的亲和力，成为交际场上备受大家欢迎的“向日葵”！

小事甘于吃亏，机会不请自来

一位哲人说得好，用争夺的方法，你永远得不到满足；但用让步的办法，你可以得到比期盼的更多。

古时候有一位皇帝，某天番邦进供过来一批羊。皇帝十分高兴，他下令赏赐朝中大臣每人一头羊。命令传到执行大臣那里，却让对方犯了难。因为羊有大有小，有肥有瘦，他不知道怎么分才能让每个人都满意。

正当他束手无策的时候，一位大臣从人群中走了出来，他说：“这批羊很好分。”说完，他带头牵走了一只瘦羊，高高兴兴地回家去了。其他的大臣见了也都纷纷效仿，每个人都争着拿最瘦最小的羊。就这样，“分羊”的难题迎刃而解。

后来，这位大臣赢得了许多人的赞誉，连皇帝都对他刮目相看，对他委以重任。

大臣吃了点小亏，换来的却是更多的机会。

吃亏换机会，这是一个被大多数人忽略的重要命题。因为在普通人看来，吃亏就意味着让自己利益受损，这种事儿一般谁愿意去干呢？与吃亏相反的是，很多人在浮躁的功利思想影响下，将名誉、地位、金钱以及得到别人所谓的“尊重”视为人生的目标，为了避免吃亏，不惜牺牲别人的利益。

这说到底也是由于敏感造成的。这类人对于自己的“损失”特别敏感，本来是他的责任和义务，他都会觉得这是别人给他下的套儿，故意占他的便宜。因为有了这种想法，这些人往往会表现出一种极大的防备心，在与朋友交往时用尽心思，好让自己不吃亏、不上当。殊不知，有太多的机会都是从吃亏当中得来的。

在美国电影《当幸福来敲门》中，威尔·史密斯扮演的加德纳是一个失业的销售员，因为经济拮据，家中的汽车和房子都没法保住，妻子也因为受不了这种日子与他分道扬镳。最惨的时候，加德纳身无分文。靠卖一种过时的医疗机器度日。

后来无意之中，他碰到一个开豪车的富人，他问对方，你是做什么的？

对方告诉他，自己是一名股票经纪人。

于是，加德纳立志要让自己成为一名股票经纪人，让自己和年幼的儿子过上好日子。

加德纳历经千辛万苦，过了这家公司的面试，成为一名没有薪水的实习生。而成为实习生的这个过程正是他人生中最为艰难的时候。身上的钱花光了，他只能经常带着儿子去睡救济所，还住过地铁站里的厕所。

而在实习的过程中，加德纳也吃了无数的亏。

由于他是新手，给他们做培训的一位老师就经常让加德纳下楼去买咖啡，这耽误的都是加德纳宝贵的学习和工作时间，尽管加德纳有话想说，但他还是把所有的抱怨都憋了回去，听从他的安排。

电影中最令人动容的一个镜头出现在加德纳与证券公司一位董事之间。

那天，加德纳照常来上班，在准备进入证券公司所在大厦时，恰好碰见了这位董事，而这位董事又恰好没有带钱，于是他向加德纳借 5 美元用于支付计程车的费用。

可怜的加德纳拿出钱包，却发现破旧的钱包里只剩下这 5 美元了，这 5 美元是他当时全部的家当。那位董事并不知道加德纳的具体情况，在他眼中，5 美元是小事，不足为虑。

加德纳颤颤巍巍地抽出了那 5 美元，拿在手上，并没有主动递过去，而对方却一把从他手中抢过，把这钱拿给了出租车司机。

这一下加德纳身无分文，但他又不可能向这位董事催这 5 美元的账，只能把这委屈埋在心里。

3 个月的实习期过去了，最后的筛选过程如期而至。电影总是那么美好，当加德纳坐在几个高层面前得知自己被录用时，他的泪水再也抑制不住，眼眶湿润，久久不能平息。而那位向他借他 5 美元的董事此时也恰到好处地从钱包了抽出了 5 美元交给他，并对他说：“我怎么能欠你的钱呢?”

加德纳如愿以偿。

这部电影是以真实的故事改编，电影中的加德纳正是后来华尔街的经融大亨克里斯 · 加德纳。

加德纳在实习期间吃的亏无一例外地都成为了他的机会，带他的培训老师对他非常客气，而这位董事和另外几个人更是十分欣赏他。试想一下，如果加德纳是一个斤斤计较的人，在这种情况下，他必定会拒绝许多人“看似过分”的要求。

但加德纳并没有这样做，他甘于吃亏，最后，这些“亏”都变成了他的福。

为什么吃亏能够带来机会？答案很简单，因为你吃了亏就代表有人受益，而这受益的人也能够感受到你的友好。每个人都愿意跟一个不计较的人打交道，这样一来，朋友多了，机会自然而然也就多了起来。

曾经有一位著名的企业家说过：“我的成功史其实就是一部吃亏史。”他甘愿吃亏去帮助别人，让他人也获得了机会。其实，我们吃亏就是在帮助别人，而帮助别人并不是一件非常困难的事，人人都有需要帮助的时候，包括我们自己在内。不懂得服务别人的人、处处算计的人，也一定是受人厌恶的。

其实说白了，吃亏其实就是一种感情投资，如果只在酒桌上谈朋友，这种所谓的“酒肉朋友”的质量就必须要有一番考量了。吃亏其实就是一个打铁的过程，懂得服务别人的人，人脉关系才会更加夯实，靠一杯酒两个人是成不了朋友的。

我们常说“赠人玫瑰，手有余香”，其实在人脉关系当中，“赠人玫瑰”收获的不仅仅只是“余香”而已，你因为吃亏而帮助了一个人，就会多一处资源，多一处资源就多一处机会。

做一个亲和的人，而不是一个敏感的人

你的人缘怎么样？你对陌生人有没有吸引力？

这两个问题对于我们来说都很重要。我们谁都想做交际场上的“红花”，时刻成为话题的中心，而我们每个人也都愿意自己拥有让别人无法抗拒的吸引力，相信一定也有很多人想知道怎样做到这一点。但可别误会，我们不是教你怎么去吸引人，我们是想让人明白一个道理，当我们本

身拥有某种气质时，这些对我们来说相当重要的东西自然而然就到手了。

而这种气质，正是亲和力。亲和力与敏感相反，亲和力表现出来的更多的是一种自信，是一种开朗，而敏感则是一种自卑和内向，而这两者所产生的能量也是不一样的。

肖乐在本市开了一家牛肉面馆，之前听说他那儿的生意十分火爆，上个周末，老同学姜鸣也忍不住去他那里“蹭”了一顿。早上七点多姜鸣开车到了地方，刚下车，他就看到肖乐的店里里外外都是人，里面有多少桌他一下没看清，但外面这十几桌可都是坐满了。

肖乐见老同学来了赶忙出来笑脸相迎，姜鸣笑着说：“你这生意简直不能用好来形容了，这是火爆啊！”

肖乐说：“哪里的话，还不是靠大家捧场。”

他们俩开始聊了起来，在这个过程中，姜鸣发现了一个特别奇怪的现象：每一位吃完结账的顾客都会走过来同肖乐打声招呼，而且有很多刚来的顾客也会跟他招手或者点头示意。所以，肖乐是一边跟别人打招呼，一边跟自己闲聊，都有些忙不过来了。

就在这时，店里的服务员急匆匆地跑过来，面露难色地对肖乐说：“老板，这边一个顾客说自己早上出门太急没带钱包，想先赊账，你看怎么办？”

姜鸣知道像朋友这样的店虽然生意很好，但毕竟是小本经营。他之前就碰到过这种情况，现在这些店哪敢放心赊账。

但肖乐的处理方式却让姜鸣大跌眼镜，只见他对那名已经额头冒汗的顾客说：“赊账没关系，下次一并给上就可以了。”

那名顾客对肖乐的信任显得很是惊讶，他小声说道：“那我留下姓名和电话号码吧。”

只见肖乐笑着摇头道：“不用，告诉我怎么称呼您就可以了。”

一场尴尬就这么被肖乐轻松地化解了。

后来姜鸣特地打电话问肖乐：“上次赊账的那个人后面补上了吗？”

肖乐在电话里哈哈一笑：“不但补上了那次，而且现在都快成为我们的 VIP 了，每天早上一顿不落。”

姜鸣又问：“那些跟你打招呼的都是以前认识的吗？”

肖乐在电话那边说道：“哪里是认识的，也是一回生二回熟，来店里吃了几次，我们彼此打个招呼，不就算认识了，话说回来，我这店就是靠这帮朋友帮衬着。”

这件事也让姜鸣对朋友充满了敬佩，很多人现在在外面看到的一些商店，说是把顾客当上帝，但真正能够做到的又有多少。而肖乐却是真正做到了能把“顾客当朋友”。他在面对陌生顾客时的那股笑容、还有对不熟悉人的宽容和信任，这些都让姜鸣很受感动。

其实，这便是亲和力带来的好人缘，肖乐的亲和力让很多来店里消费的顾客心里舒坦，这也就吸引了很多人成为了回头客，所以，他生意不好才怪。

其实不光是在生意场上，在我们平时的生活当中，我们总免不了要跟陌生人打交道。如果我们具备超强亲和力的话，那么当然能在与陌生人的交往中掌握主动权。

我们都知道，第一印象往往能够决定一个陌生人对你的态度。而亲和力则是给第一印象加分的利器，试想一下，假如我们能让对方在见到我们的第一眼、和我们说的第一句话中就能够感觉到亲切，那么双方由不熟悉带来的隔阂也就小了很多，再谈下去或者下次见面的话，相信两人就不会再陌生了。

现在很多大学生面试的时候表现的不够自信、显得扭扭捏捏，很难给面试官留下什么好印象，这其实也是一种亲和力缺失的表现。许多公司为什么要在应聘条件上注明“亲和力”这一点，原因也正是很多岗位需要用亲和力去打开局面，比如说销售、业务员。在跟陌生人打交道的过程中，职员一旦具备了亲和力，也一定会干出不一样的业绩来。

而且，当我们具备亲和力之后，这种软实力就会帮我们成就好口碑。而这口碑就犹如一张名片一样，能够造成“先声夺人”的影响力。在这种情况下，别人都有可能被这种“口碑”吸引过来，这种吸引力相信是谁都不能拒绝的。

试想一下，假如我们拥有了超强亲和力，那么我们身边还会存在陌生人吗？不是说“有了亲和力，你可以跟这个世界做朋友”，所以，我们当然不能错失这种利器，修炼我们的亲和力，从现在开始，逐渐掌握这个人际场上的核武器吧！

学会大智若愚，得理不妨让三分

生活中，人与人之间发生冲突和争执是在所难免的事，一些悲剧都是由这些冲突和争执造成的。敏感的人通常面对冲突或是争执很认真，哪怕争论的原因是微不足道的小事，他们也非要在争论中得出个高低、上下。这样的人被大家形容为较真、死抠理、霸道、不友善，在人际圈当中自然会被人疏远，渐渐地远离人群。

过于敏感，得理不饶人，这样的行为给自己也带来很多痛苦。由于无法放下与他人的矛盾，总是想用各种语言或是身体上的刺激，让对方屈服。一旦遇到同样爱较真的人，两人就容易互相较劲，谁也不让谁。

俗话说：“两斗皆仇，两和皆友。”如果双方为小事计较起来就心存隔阂，两人的矛盾就会变大，最终可能不欢而散。同样在一些是非原则问题上，如果双方你让我让也就双方双赢，皆大欢喜。

美国著名的人际关系学家卡耐基和许多人都是朋友，其中包括若干被认为是孤僻、不好接近的人。有人很奇怪地问卡耐基：“我真搞不懂，你怎么能忍受那些老怪物呢？他们的生活与我们一点都不一样。”卡耐基回答道：“他们的本性和我们是一样的，只是生活细节上难以一致罢了。但是，我们为什么要戴着放大镜去看这些细枝末节呢？难道一个不喜欢笑的人，他的过错就比一个受人欢迎的夸夸其谈者更大吗？只要他们是好人，我们不必如此苛求小处。”

其实，每个人一半是天使，一半是魔鬼；优点与缺点共存，美丽与丑陋共存。与人相交，要看好的方面，至于一些小节，诸如生活习惯之类，尽可以睁一只眼闭一只眼。莫要敏感地揪着自己不喜欢，看不惯的人或事不放，最终折磨的是自己的心。

忍让，自古被视为美德，也是修身养性的重要内容。据古籍记载，唐朝张公活到一百多岁，长寿的经验就是一个“忍”字。他的族人曾把张公一生中忍让的事迹记录下来，写了一部《张公百忍全书》。此书在明末清初广为流传，影响颇大。而有关资料也表明：现代百岁老人的共同特点，其中就有一条——“忍”，即“对误解宽容，得饶人处且饶人，谅人之短，帮人之过”，故而活得潇洒、长寿。所以，人在生活中就应学会谦和、忍让。忍让是精神结构与心理素质完美结合的长者风度，忍让更是一种理智，是感悟人生后的一种智慧、经历挫折后的一种持重。

“人，能忍多大事就能成多大事。”中国IT业的先锋人物、巨人集团的史玉柱如是说。当时他在珠海设计的巨人大厦是中国最高的，但因为迷上了保健品脑黄金的开发营销，最终导致了失败破产。沉寂几年后突然间“今年过年不受礼啊，收礼只收脑白金”的广告风靡全中国！史玉柱又站起来了，他成了保健品行业的巨人。在他破产后的最艰难的岁月里，他是怎么熬过来的呢？一个当时中国最红的、事业如日中天的雄心壮志的年轻人，突然之间破产了，成了一文不名、满身债务、被当做反面教材、被人嘲笑、侮辱、欺骗、蔑视、尊严被践踏的失败的代名词。而面对这人生突遭的大变故，他又是怎么熬过那漫长的岁月呢？他若没有“忍”，“大忍”的功夫，他绝对熬不到今天的大成功！

能大忍的人都是有大智慧的，能大忍的人都是有大德行的。史玉柱在脑白金成功后又作了一个轰动全中国的大举动，毅然用自己的个人收入偿还巨人公司所欠下的几千万旧债！

“大忍”让史玉柱走向成功，这也是诸多成功人士的共同特点。

忍让二字说的容易但是做起来比登天难。“海纳百川，有容乃大”，只要我们的心胸像海一样能容纳一切事物，何须为了一些小事儿让自己不快乐呢？既然功名利禄都是浮云，又何必在意那些不值得一提的小事呢？有肚量去容忍那些不能改变的事，有勇气去改变那些可能改变的事，有智慧去区别上述两类事。这是成功者要具备的三个素质。既然有些事情不是个人能力所能作为的，何不学会放下呢？宣泄不满，只会让旁人看戏。

忍让并不只是让大家憋住火气，如果把火气压抑在心中，得不到消除，那会让自己感觉到心累，对身体健康不利。说得是我们在遇到事情后，先要忍住脾气，然后通过自我调节，把心中的火气慢慢化去。这就需要脾气暴躁、易发火、不善容忍的人要时时修炼自己的性格，懂得宽容和忍让能够换来最甜蜜结果的道理。

因此，我们要有大胸怀、不拘小节、不斤斤计较、凡事向好处想，只要心里不要太刻意地去想那些不好的事情，放宽心态，宽容地面对周遭的人或事，不断地磨炼耐性，就会让生活变得惬意轻松。

把握分寸，切莫透支人情

在家靠父母，出门靠朋友。从一个“靠”字，我们就能看出，一个人在世界上是无法完全独立生存的。在社会中摸爬滚打，我们总会遇到一些大大小小的麻烦事，自个儿解决不了的，情急之下，人人都会想到要找自己的朋友帮忙。

朋友就是广袤无垠的沙漠上的一小块绿洲，朋友还是茫茫夜色里的一盏明灯，朋友更是冰天雪地里给我们提供温暖的一堆篝火。可是，尽管朋友给我们的生活提供了许许多多的便利，但他们绝对不是一张永不透支的信用卡，因此，人情存款有上限，刷卡还需谨慎再三。

王娟是一家医院的妇产科医生，为了让自己的儿子能进本市的一所重点中学念书，她和老公到商场买了一大堆礼物，准备送给在这所重点中学担任领导的朋友。结果，这位朋友虽然婉拒了她和她老公买的礼品，但仍旧热情地帮她解决了她家儿子上学的问题。

为此，王娟非常感激朋友的热心帮忙。于是，她和老公经常打电话过去问候这位朋友，每逢节假日，他俩有时还会亲自登门拜访。

没过多久，这件事情就发生了戏剧性的变化。在接下来的一年中，王娟的这位朋友便三五不时地来医院找她，每次还都带着自己的亲戚或是朋友。刚开始，王娟还真是有求必应，可久而久之，她发现这位朋友找自己帮忙的次数不仅越来越频繁，每次提的要求更是越来越过分。比如，有时候，他要么让王娟帮忙给他亲戚肚子里的婴儿做一个性别鉴定，要么给他朋友的高价病房算个低价。

这一下子，王娟由衷觉得这个人情债真是一个无底洞，再这样下去，自己未必能负荷得了朋友的“频频讨债”。于是，她和老公商量后，决定想办法疏远这位“食不餍足”的朋友。以后，她能帮的尽力去帮忙，不能帮的也会礼貌诚恳地说出来。最后，这位朋友在王娟医院碰了几次壁后，也就灰溜溜地回去了，两个人的联系最终也变得越来越少。

其实，人情就像储存在银行里的存款，我们存储的越多，时间越长，最后拿到手的利息也会越丰厚。反之，存储得越少，最后可以取出来用的也就越少。王娟这位朋友的做法就是典型的透支人情，他动用人情存款的次数过于频繁，以至于过早地消耗完自己在王娟身上储存的人情存款。没想到“情到用时方恨少”，人情存款一旦透支，他频繁的求助只会让王娟不胜其烦，无力负荷，日后甚至对他避之唯恐不及。

因此，我们在动用人情时，一定要事先做好估算，让自己心里始终有个数。动用人情的次数一定要控制在最少的范围，千万别以为自己曾经给对方帮了一个大忙，有恩于人，对方就得“滴水之恩，当涌泉相报”。倘若我们动辄就以人情自居，失去了分寸，三番五次地找别人帮忙，时间久了，再好的朋友关系也会由浓转淡，再大的人情存款也会因为我们过多的“讨债”行为而透支。

很多人在日常生活中，或许都做到了尽可能少地动用人情，以免透支人情，但还是会出现一些其他的问题。比如，有些人急于在一笔人情账中得到回报，所以就时不时地把自己给予他人的一点小恩小惠挂在嘴边，生怕对方一个不小心给忘记了。其实，这种行为非常的愚蠢，纵然日后得到了对方的回馈，也不会落得一个“大方”的好名声。有时候，不但没有增加自己人情账户里的存款，甚至还会引起别人的反感，丢掉了做人的面子。

由此可见，当我们在动用人情存款时，一定要掌握好应有的分寸，合理地使用，保证收支的基本平衡，才不会出现赤字和透支的窘境。

在动用人情存款前，一定先掂量一下自己和对方的情分，倘若彼此情深似海，才有胆量麻烦对方为自己“雪中送炭”。然后，自己会把这些人情存款用在刀刃上，那些自己能解决的小事绝不轻易假手于人。同时，在别人帮了自己的大忙后，绝不会将其视为理所当然，事后一定会给予对方适度的回馈，及时还掉这个人情。

毕竟，人情确实是用一次少一次。所以，我们最好还是自力更生，自食其力，少去麻烦别人。即便真到了需要别人伸出援手的份上，也一定要记得把握分寸，万万不可透支人情，最终沦为朋友眼里最不受欢迎的“讨债鬼”！

咄咄逼人只会让有理变成无理

肖芳是一家国企的职员，由于上班的地方离市区太远，她一般很少回家，就住在单位的宿舍里。最近，她却和室友因为一些生活琐事吵得不可开交，一气之下，她收拾了自己的东西，在外面租了一套房子一个人住。

一个周末的午后，肖芳和朋友莉莉在一家茶馆喝茶，说着说着，她突然咬牙切齿地对莉莉说：“这次我非得让她给我下跪认错不可！”说完，她狠狠地灌了一口冷水，莉莉瞪大眼睛看着她近乎自虐的行径，这大冷天的，不是自找罪受吗？

“你别玩过火了，人可都是要面子的，咱好好说成吗？”

“我可管不着这么多了！每次吃完饭让她立马把碗筷给洗了，我也要用厨房啊，可她总是拖拖拉拉，第二天早上起来，厨房里还是一片狼藉，我看着就心烦！”莉莉心里一惊，哦，原来是这事儿闹的！

肖芳和室友原本就约定好，周一、周三和周五由她做饭洗碗，周二、周四和周六则由室友负责，周日不上班，大家都要做饭。只是有一点，彼此负责做饭的那一天，用餐后的碗筷必须当日就洗干净，绝对不能留到第二天。

两个人坚持了不到一个月，肖芳的室友就开始有点“心不在焉”了，每次吃完饭，她就习惯性地把碗筷一丢，自个儿玩自个儿地去了。

肖芳为这事儿说了室友好多次，可她依旧是充耳不闻。起初，肖芳早上起来，还耐着性子收拾厨房，可一连做了好几天，她终于“火山爆发”了。

“你到底想怎么样啊？做事有头有尾行吗？老是不洗碗，全推在我身上，我难道不累啊？你又没给我发薪水，凭什么让我当老妈子啊？”劈头盖脸就是一顿臭骂，肖芳真是越说越来气，她还将厨房没洗的几个碗砸烂了。

肖芳的室友很是惊讶，她连忙上前求饶，“肖芳，你消消气，消消气，这事儿全赖我，规矩是一起定的，但我有时候不想洗碗，这事儿是我的错，以后我不会了。”

肖芳还是得理不饶人，继续朝着她骂骂咧咧，越说越难听，完全刹不住自己的嘴巴，“这话你可不只是说了一次了，既然咱们住在一起，得有点责任心吧，你这样把事儿全推给我，算怎么回事啊，谁愿意和你这样的人住一起，我要换宿舍！”

听到这些有伤颜面和自尊的话，室友的脸开始变得阴沉起来，她冷冷地说了一句：“既然你这么说，那就没法再谈了，一件小事让你说得那么严重，好吧，那你不妨再考虑一下，要走要留，悉听尊便！”

“她竟然对我说出这种话，你说可气不可气，我当然要走了！”肖芳回忆起当日的冲突时，依旧满肚子的不满和委屈。

莉莉无奈一笑，摇了摇头，说“她对你说的话，哪有你对她说的话难听，早就跟你说了，人都是爱面子的，你句句话都在打她的脸，她能不跟你置气吗？”

肖芳不服气地说：“那她有错在先啊！我对她发脾气又不是在无理取闹！”

“她有错，你可以心平气和地跟她指出来，又或者尝试其他的解决办法，一味地发火有用吗？况且她都跟你认错讨饶了，你还咄咄逼人，伤其颜面，就算你再有理，也变无理了！”

其实，我们待人处事固然要“得理”，但也绝对不能因此就“不饶人”，敏感的人对于别人一些细微举动很是“上心”，在与人交往的过程中，就算自己得了理，只要对方的表现没有让自己感到满意，他们还是会纠结于此，并最终导致一发不可收拾。

其实，肖芳对自己的室友发脾气，无非是为了发泄她对室友“不洗碗筷”的不满情绪，其最终的目的还是希望她“迷途知返”，当日事当日毕。既然目的那么简单明晰，何不实际一点，采取柔缓的方式和手段让室友改正这个小毛病呢？

因此，与人来往，若是遭遇争执，我们与其理直气壮地去教训对方，还不如理直气“和”一点，这样既顾全了对方的颜面，也轻轻松松达到了说服和改变他人的目的。

众所周知，每个人的价值观、生活方式以及性格各有不同，因此生活中出现分歧和矛盾在所难免。然而，许多时候，占据有理一方的我们，一旦陷入斗争的漩涡，就会不由自主地急红眼，扯着嗓子和别人唇枪舌战。

其实，争论不为别的，一方面是为了自己的面子，一方面则是为了自己的利益，因此特别容易发展到“得理不饶人”的地步，最后非逼得对方鸣金收兵或缴械投降不可。

可不管最后的结局是什么，即便我们吹响了胜利的号角，却还是给别人留下了一种斤斤计较、小肚鸡肠的坏印象。长此以往，没有人会愿意和我们打交道，而我们就只好成为一位孤家寡人，落得个门可罗雀的凄凉下场。

说话要看场合，舌头多拐几道弯

在中国传统习俗中，有这样一个禁忌，那就是在特殊场合有些话是不能说的。

记得小时候，小月特别喜欢过年，因为过年不但有好吃的，还有好喝的和好玩的。可是在这欢天喜地的日子里，唯独有一件事让她觉得很是郁闷——“不能讲不吉利的话！”为此，家里的长辈不知道对她们这些小孩子耳提面命过多少次，有时候她们一不小心说溜了嘴，还要被骂和挨打。

有一次，在和姐姐们玩耍打闹的时候，小月一不留神把一个饭碗打碎了，饭碗掉在地上发出刺耳的声响，碎片洒了满地。小月顿时吓呆了，还以为妈妈会冲过来揍她一顿，没想到妈妈只是迅速地说了一句：“没事没事，碎碎（岁岁）平安，好兆头！”非但没有打她，还笑眯眯地给她抓了一大把糖果，当时这可真是把她给乐坏了！

从那个时候起，小月就知道，原来说话是要看场合的。在过年这种喜庆的场合，人们一般都要说一些吉利的话，即便发生了什么不好的事情，也要换个思维，把它往乐观吉利的方向想。

俗话说：到什么山上唱什么歌，说话要看场合说的也就是这个理。所谓的场合，一般是指说话的时间、地点以及特定的交际场景。而同样的内容，由于场合的不同，说话的方式也往往需要做相应的变化。在不同的场合里，我们只有选取最恰当的词语，才能准确地表达出自己的想法和意图，从而迎合整个场合的气氛。

众所周知，英国女王维多利亚是历史上有名的女王，她和丈夫阿尔伯特亲王非常恩爱。但是两人相处时，和寻常家庭的夫妻一样，他们偶尔也会吵架闹别扭。

有一天，他们夫妇又因为一些日常琐事吵架了，阿尔伯特怒气冲冲地回到了卧室，随即就把卧室的门给关了。看到丈夫生气不理她，维多利亚女王仔细想了想，觉得这次吵架其实是自己理亏，所以她就站在卧室门外，轻轻地敲门，准备向丈夫道歉。

“谁？”阿尔伯特大声地问道。

“英国女王！”这时，卧室内再也听不到任何回应。

维多利亚不甘心，于是继续敲门。

“谁呀？”阿尔伯特又继续问道。

“我是维多利亚。”没想到，对方依旧没有开门。

这下，维多利亚终于知道这是怎么一回事了。于是，她放下女王的架子，又敲了敲门，然后温柔地说道：“对不起，亲爱的，你开一下门好吗？我是你的妻子。”

话音刚落，阿尔伯特就微笑着把卧室的门打开了，两个人和好如初，重新拥抱在了一起。

从这个故事中，我们可以看到，即便是高高在上尊贵无比的英国女王维多利亚，当她回到家中的时候，也得放下在宫廷里的架子，以妻子的身份和丈夫阿尔伯特平等地对话。由此可见，有些话，真的是要看场合而定，如此，我们才能与他人和谐地相处。

与人来往，倘若我们完全不看场合，想说什么就说什么，完全随心所欲，信口开河的话，是会招来别人的反感和排斥的。正所谓“酒逢知己千杯少，话不投机半句多。”所以，说话一定要注意场合，看准对象，只有把话真正说到了对方的心坎上，我们才能投其所好，成功打开彼此沟通交流的大门。

其实，仔细想想，平时我们说话要注意的无非就是以下几类场合。

第一，自己人场合与外边人场合。在自己人场合里，我们可以畅所欲言，无所顾忌；而在外边人场合里，我们一定要三缄其口，说话须大方得体，不要“乱放炮”，免得招人厌恶。

第二，喜庆场合和悲痛场合。在这两个场合里，我们说话一定要注意迎合场内的气氛。在有喜事的场合，不要说一些丧气悲伤的话；而在别人伤心难过时，我们不能吊儿郎当地哼个小曲，说些笑话，以免刺激到旁人。

第三，庄重场合与随便场合。在庄重的场合里，我们说话一般都要辞恳意切，要让对方感受到我们的诚意和尊重；而在随便的场合，说话可以不用那么正式，言语轻松幽默一点，可以减轻对方的心理压力，从而让彼此交流得更加愉快。

说话是一门艺术，懂的看场合说话的人，最能够领会到这种艺术之美。一个有修养的人，能够针对不同的场合说出最为适宜的话来，讲究分寸，一句话就能俘获人心，在人际交往上也一定能够收获更多的朋友。

同理心是了解他人的法宝

人们常说：“道不同，不相为谋。”这句话的意思是，如果两个人的意见或志趣不同，就没有办法在一起共事。其实说到底，还是一个“相似点”在作怪，每一个人最感兴趣的始终还是自己，因此，我们在人际交往中，总是更加倾向于选择和自身有相似之处的人打交道做朋友。

心理学家们曾做过一个实验，他们选了一组条件相似的男大学生，让他们住在同一个大屋里，然后，又选了一组条件不相似的男大学生住在另一个大屋里。实验结果显示：条件相似的那个房间里的男大学生们，关系变得很密切，彼此都成了好朋友；而条件不相似的那个房里间的男大学生们，关系则很平常，彼此很难成为好朋友。

这个实验研究的结果，应该是“道不同，不相为谋”这句话的最好例证，它告诉我们一个事实，相似性是人际交往中的一个关键因素。而这种相似性正是“同理心”。彼此相似的人，总要比毫无共同之处的人容易进行良好的沟通，他们很少会因为意见传递的困难而造成误会和冲突，即便两个人是初次见面，一旦他们发现了彼此的共同之处，很快就会产生一种“相见恨晚”的亲切感。

说到这，也许有人会在一旁语带不满地嘀咕几句：“那要是两个人没有什么共同点，我们又该怎么办呢？难不成大眼瞪小眼，在原地兜圈干着急吗？”

众所周知，世界上并没有两片完全相同的叶子，没有归没有，但我们不能否认的一点是，它们都是叶子，即便达不到“一模一样”的标准，它们还是有不少共同之处。

叶子尚且如此，人也不例外，只要我们足够细致，就能找到彼此的共同点。所以，两个人即便没有共同点，也能寻求其他的地方成为朋友。比如，一位满腹才华的教育专家和一位普通的建筑工人，从表面上看，两者似乎没有什么共同之处。但是，如果这位建筑工人刚好是一个初中生的家长，那么，两个人完全可以就如何教育孩子交流各自的看法；如果这位教育专家正好想要在乡下盖一栋小洋楼，那么，两个人又可以就如何选择装修材料等沟通彼此的信息。

其实，很多时候，我们之所以会困扰于找不到共同点，原因就在于和我们打交道的那个人，刚好是一个从未谋面素不相识的陌生人。而人对于未知的人或事，又总是充满了无穷无尽的恐惧，别说寻求共同点拉近彼此的关系了，恐怕关键时刻连一句像样的开场白也想不出来。

这个时候，我们就必须掌握一些挖掘共同点的诀窍了，只要有正确的方法作指引，我们就能顺利克服内心的恐惧和迷茫，大胆地朝着既定的目标行动。

从外表上找到共同点。

我们若想对一个人的兴趣爱好、个性特征、心理状态等有所了解，最快捷的方法莫过于仔细端详他们的表情、穿着打扮以及言行举止。因为这些外在的东西多多少少都会透露出一些蛛丝马迹，以方便我们在最短的时间内，了解到对方的一些简单信息。

一个年轻人在搭乘火车的时候，遇到了一位长相精致的女孩，他很想跟女孩搭讪，却苦于找不到合适的理由。就在他冥思苦想之际，女孩突然从随身携带的包包里，掏出了一本微微泛黄的书，津津有味地阅读起来。

年轻人眼尖，同样酷爱阅读的他，立马瞧出这本书是王小波的杂文集《沉默的大多数》。于是，他略带试探地问道："美女，你之前有没有看过王小波的小说《青铜时代》?"

听到"王小波"这三个字，女孩就像被施了魔法一样，她果真如年轻人所愿，放下了手中的书，开开心心地和他聊了起来。

"看过，看过，我还看过他写的《绿毛水怪》呢！他真是一个浪漫有趣的骑士，你也喜欢他么?”女孩说这话的时候，两眼竟然闪烁着璀璨夺目的光彩，一时间，年轻人不禁看呆了。

“我是他的门下走狗哦，他所有的小说，我基本都看过。你手上这本《沉默的大多数》，我都不知翻过多少遍了。”于是，两个人越聊越起劲，等到分别时，彼此还留下了各自的联系方式。

以话试探，捕捉共同点。

两个人第一次见面，为了打破沉默的局面，总有一方需要先开口讲话。此时，我们可以主动向对方打招呼，询问对方的姓名、籍贯、身份等，以便掌握其基本信息。当对方愿意给予我们回应的时候，我们不妨仔细听听对方的口音，把握他说话的方式和内容，捕捉彼此的共同点。

两位老人坐在公园的长椅上，彼此都互不相识，其中一位年纪稍小的老人，和善地问道：“老大哥，你是附近小区的居民吗?”

“不是，我儿子住在那个小区里，我和老伴从山西过来给他带孩子，你也住在那个小区里?”

“我跟你一样，儿子媳妇工作忙，接我们过来给他照看一下孩子。”

经过一番言语试探，年纪稍小的老人，终于找到了两人的共同点。经了解，他们的孙子竟然还是同班同学，于是，两个人的关系变得越来越亲密，还相约下次轮流去彼此家里做客。

揣摩谈话，探索共同点。

有时候，我们想认识某位陌生人，可却没有面对面交流的机会，这时不妨留心对方和别人的谈话，然后从他们的谈话中，获取重要的信息，探索彼此的共同点。

在安徽一家百货商场里，一位工程师在结账的时候，对收银员说道：“麻烦你把那张票据给我看一下。”当他说到“那张”两个字时，明显带着长沙口音。

旁边一位在安徽工作的长沙人听了工程师的话，也照葫芦画瓢说了一句相同的话。正忙着塞东西进购物袋的工程师听到熟悉的乡音，连忙抬头看了看对方，嘴角立马扬起了一抹微笑，看来真是他乡遇老乡啊！

两个人买了各自要买的东西后，一边往外走，一边热情地攀谈起来，他们不仅聊彼此的老家，还聊眼下的工作，话匣子一打开，就再也收不住了。

古人曾说："酒逢知己千杯少。"其实，知己固然难求，但是若想做到一语勾心，也并不是什么天大的难事儿。和陌生人打交道，只要我们能仔细寻找彼此身上的共同点，就能在双方的感情和关系中加入一颗小小的方糖，从而让彼此间的交谈越来越尽兴，越来越投机。

宽容别人就是宽容自己

湘军首领曾国藩是清朝家喻户晓的人物。他手握重兵，屡败之后终于击败太平军，为自己扬名立万。但很少有人知道，曾国藩在少年时期曾受过很多气。

曾国藩在岳麓山上的岳麓书院读书时就屡遭同学欺负。当时，他的书桌，面窗而置，且紧挨着窗户，而某同学的书桌，放在离窗户稍远的地方。于是，这个同学便不干了，愤怒地对他说："我案头的光，都是从这孔窗户射进来，你挡在这里，不就挡了我的光了吗？"

可是，曾国藩却不愠不怒，问道："我的桌子该放哪里？"这位同学一指床头的位置："放在那边去！"他居然二话没说，真的把桌子搬到了床边。

夜里，他读书，同学又不干了，嘲讽他说："白天不好好读书，到夜里就磨磨叽叽，你还让人睡觉不？"他又未做任何辩解，退居一隅，悄悄默诵。

而就是这样一个没有脾气、任人欺负的曾国藩，他的名字载入史册，成为大清一代名臣。

在这个故事中，我们看到年少的曾国藩已有容人之魄力。而他的这种性格也在他日后的为将生涯中有所反映，在与太平天国的前几次交手中，湘军屡败，但曾国藩往往都会宽容他手下的将领，因为他知道，失败的责任不在他们。因此，他手下的将领都十分卖命，最后，也是他们帮助曾国藩一步步走上人生巅峰。

但有些人却不是这样，他们处处都想表现出自己高高在上，不可侵犯的架势，眼里容不下任何人，觉得谁都不如他，谁也不能骑到他头上。别人一旦得罪了他，就会招致一顿狂风暴雨，难以收场。

试想，你容不下别人，不肯包容他人，别人怎么会喜欢你呢？这样的人能不心累吗？

俗语讲：能容人者得天下。大海的宽广在于汇集大大小小的川流，人生的苦痛如同这些水有一定数量，既不会多也不会少。我们承受痛苦容积的大小决定着痛苦的程度。所以，当你感到痛苦的时候，就把你的承受容积放大些，不是一杯水，而是一个潮。而且，宽容别人其实也就是宽容自己，每个人身上都有其特质，而我们也不可能成为圣人，总有倒霉或者不顺的时候，今天你不宽容别人，明天别人怎么会去宽容你呢？

春秋时期的楚怀王就深谙这个道理。

有一次，楚怀王宴请大臣。席间歌舞妙曼，美酒佳肴，烛光摇曳，气氛十分热烈。怀王命令两位他最宠爱的美人许姬和麦姬轮流向各位敬酒。忽然一阵狂风刮起来，吹灭了所有的蜡烛，漆黑一片，席上一位年轻的将军乘机摸了许姬的玉手。许姬一甩手，把他帽上的缨子折断，匆匆回到座位向怀王告状，要求查处那个无礼的人。

怀王听了，连忙命令手下先不要点燃蜡烛，却大声向各位臣子说：“大家都把帽上的缨子折断。”

这样大家的帽缨都折断了，于是便分不出刚才对许姬失礼的大臣是谁了，君臣继续尽兴地饮酒。

后来怀王攻打郑国被困，有一位猛将独自率领几百人，过关斩将，杀出一条血路，将楚王救出。原来这位将军就是几年前在酒会上调戏许姬的年轻将军。楚王见他知恩图报，骁勇善战，就将许姬赐给年轻将军。

在这个历史故事中，作为万人之上的楚王，他完全有理由、有能力抓住调戏他最宠爱美人的人，并严厉地处死他。但楚王却用巧妙的方法低调处理了这件事，让那个一时贪恋女色的年轻人得以逃脱。而这件事，也为楚王自己铺了后路，在危难时，得到了年轻人的帮助。由此可见，很多时候，我们的容人，不仅是给别人机会，更是为自己创造机会。

法国哲学家爱罗西法古说："如果你要得到敌人，就表现得比你的朋友优越吧；如果你要得到朋友，就要让你的朋友表现得比你优越。"我们要放下以"我"为中心的表现欲望，才能与人为善。

在自然界中，空心的谷穗高傲地举头向天，而饱满的谷穗总低头向地。生活也是如此，无知的人自以为是、目中无人，常常眼高于顶；而有智慧的人，总是不耻下问，谦虚好学。谦让而豁达的人总能赢得更多的朋友，他们善于放下自己的架子，虔诚、恭敬地对待身边的每一个人。反之，那些妄自尊大、高看自己、小看别人的人，什么事都爱露一手，仿佛就自己行，对别人不屑一顾。他们总认为，在这个世界上，唯我最大，舍我其谁。因此，只要是涉及到利益重新分配或调整时，他都表现出"我最大，得最多"的想法，这样的人到最后只会受到人们的鄙视。

学会谦虚，学会宽容别人，才能永远受到人们的欢迎。谦虚的人才能不断学习，不断进步，才会有虚怀若谷的度量，也才能让人愿意亲近，这样做事才有基础；反之若恃才妄为、高傲自大，成了"孤家寡人"，也就一事难成了。

当然，容人，放下自我，不做唯我独尊之人，并不是让我们成为卑躬屈膝、趋炎附势的势利小人。放下自我是不计个人得失，容下他人是以宽容的胸襟做人处事。当一个人真正的放下自我的时候，辨别真假的智慧就会自然而出，他必定可以得到意外的惊喜与收获。人世间的事，虽然并不是每一次付出就会马上有回报，但是只有在付出之后才可能有回报。我们学会容人，心灵上就会获得宁静和安详，就能心胸开阔地生活；我们学会容人，就会给人带来一种良好的人生感觉，使我们感到愉悦和温暖，生活中就会少些怨气和烦恼，就能感觉到生活中有太多的快乐和满足。

水至清则无鱼，人至察则无友

《汉书》中有这样一句话：“水至清则无鱼，人至察则无徒。”这句话的意思是，水太清了就缺乏必要的饵料，鱼儿也就无法生存；人太过苛求身边的人也就会导致没有朋友。

俗话说：宰相肚里能撑船。凡能成大事者起具有一种优秀的品质，就是能容人所不能容、忍人所不能忍，善于求大同存小异，团结大多数人。他们一般都胸怀开阔，为人做事豁达而不拘小节。凡事都能从大处着眼而不会目光短浅、斤斤计较，纠缠于一些鸡毛蒜皮的琐事，所以他们才能成大事、立大业，成就自己不平凡的人生。

可有一些人就是喜欢揪着一些鸡毛蒜皮的小事不放，别人都是大事化小，小事化了。临到他呢，偏要无事生非，小事闹大，非要弄得人仰马翻才肯罢休，这可真是自己往身上招揽麻烦。喜欢盯着鸡毛蒜皮的事不放的人，很爱挑剔，对人、对事、对物，都是横挑眉毛竖挑眼。眼光往往比较狭隘，只顾眼前不顾将来，只计较细小的事情，心中无大事也无大量，不考虑别人的感受。同时眼里揉不下沙子，无论什么鸡毛蒜皮的小事都要论个是非曲直，容不下别人。这种人很难有什么朋友，碰到困难也很难得到别人真心诚意的帮助，导致了自己没有真正的友谊。

更进一步来说，有这种心理的人，会使自己的精神境界局限于一个极小的范围，逐渐变得冷漠、苛刻。在工作和生活中，难与别人融洽相处，使自己陷入孤立之中，处于精神萎靡、心境恶劣、疲惫不堪，这种状态的生活能不心累吗？

国际功夫电影巨星成龙，在多年的演艺生涯中吃过很多苦，工作起来也非常卖命，这样的人生经历让他待人处事都非常严格，不仅严于律己，同样也严于律人。

有一天，成龙和朋友们到外面餐馆吃饭，吃完饭，大家都准备起身离开。成龙看见大家一个个吃饱了就想走，感到非常生气。于是，他大声地对朋友们说道："你们就这样走了？难道就这么没有爱心？"

成龙的一声大吼，让准备离开的朋友们面面相觑，都感觉有点丈二和尚摸不着头脑，就连在一旁准备收拾这满桌狼藉的服务员也吓了一大跳。正当场面略显尴尬的时候，成龙已经卷起了袖子，开始动手帮着服务员收拾桌上的餐具。朋友们这时才恍然大悟，原来成龙看见服务员忙得团团转，朋友们却没有一点想要上来帮忙的意思，他为此感到很生气。

没过多久，成龙的另一位好友得知此事后，温和地对成龙说道："你不能因为自己喜欢为他人分担事情，就觉得你身边的朋友都要这么做，否则就是没有爱心之人。上次那些朋友里有几个是国外的，他们认为收拾餐桌是服务员分内的事情。由此可见，对事物的定义很难达成一致，这是不同的思想认识造成的。而实际上，他们也参加过很多慈善公益活动，并非没有爱心啊！"

成龙听完这个朋友的劝诫后，觉得十分中肯，从此不再用自己的做人标准来苛责身边的朋友。

正所谓：退一步海阔天空。生活需要弯曲的艺术，人际交往也需要一点弹性空间。人与人来往，最好的相处方式莫过于"求同存异"。对朋友的要求千万不可过于苛刻，我们可以建议朋友怎么为人处世，却没有资格要求朋友按照我们自己设立的标准来生活。毕竟，萝卜白菜，各有所爱，多一点宽容，多一分理解，我们和朋友之间的情谊才能长长久久。

第九章

DI JIU ZHANG

无视无关痛痒的小事，才能专注心力成就大事

人生就好像在建筑一座大厦，当一个人到了一定年纪的时候，就会发现自己的这座大厦只是硬件非常好，而内在却存在许多小问题，比如说水管失修，墙皮脱落等。但这些小问题又不值得把整座大厦拆掉，人生中如果花费太多时间和精力在一些无关痛痒的小事上，一个人又怎么能成就一番大事业呢？人的精力和时间都是有限的，别在鸡毛蒜皮的小事上花费太多时间，最后丢了西瓜拣芝麻。成大事者别太敏感，越敏感越容易失去。

讷于言敏于心，让你规避敏感的麻烦

敏感是一种不良的心理特质。但世界上的人有千千万万种，有如上所讲的敏感之人，当然也有些钝感之人。我们经常能够注意到，那些钝感的人反而会比敏感的人过得要开心一点，他们看不明白领导的眼神，分不清他人言语的一语双关，更看不出有心计之人的步步为营，像“聪明人”口中的白痴一样，大大咧咧、没心没肺、傻傻乎乎地活着。

这些“迟钝”的傻子看上去吃亏了，但却容易博得别人的好感。雷锋一生甘愿做“傻子”，却一直被人们纪念。阿甘是“傻子”，却是全美国人学习的榜样。“傻子”真诚，跟他们在一起，我们没有压力，与他们共事，我们不用设防，和他们喝酒，我们可以畅饮狂言，他也不会责怪你。

在如今这个信息社会中，更多的人认为获取信息很重要，害怕自己领悟的比其他人慢，从而失去更多的机会，所以要时刻保持和追求“敏捷”、“敏锐”。但是生活之弦绷得太紧，人就会一直处于高压态势之下，精神过于专注的事情太多，必然会被这些压得喘不过气来。

同时，心思过于敏感的人在人际交往当中也会碰壁，太在意别人做的事，过分解读别人的话，这都会造成不必要的误解。如恋爱中的人，早上没接到问候电话就会非常生气；在办公室中，某个人不小心关门的声音重了些，他们也会在心里琢磨一会，这样做的用意是什么，我得罪他了吗？这类人，感觉神经特别灵敏，人家不在乎的、不关心的事，他们都能“研究”出一个长篇的道理。试想一想，我们每天与那么多的人和事打交道，若要都如此地去观察、琢磨，心会有多累啊！

所以，我们不妨学一学钝感的人，先讷于言，学一学聪明的人，敏于心。也就是心里知道，但嘴上不说，用最单纯的姿态去处理事情，让双方都有一个喘息的空间。

叶婷是当地小有名气的女企业家，她刚刚过完四十岁的生日，现已拥有了一家生意正旺的公司。她衣着简单得体，待人宽宏大方。大家都非常愿意和她相处，做生意时也会觉得与她合作很愉快，她在同行中口碑特别好。

曾有记者访问叶婷，问她："您有如此傲人的成绩，而且还那么年轻，经商的秘籍和保持青春的秘诀是什么？"

叶婷笑笑说："大概是因为我没有烦恼吧！"

"怎么可能呢？管理企业遇到的事很多，你要应对各式各样的人，你怎么做到没烦恼呢？"

"原来，我是为鸡毛蒜皮的小事烦恼。"叶婷回忆道，"那时候，男友说我是不是又吃胖了，我都会烦恼得睡不着觉，甚至会以为他不爱我了，对什么事都很敏感。后来，我爸爸因车祸去世了，我忽然发现自己看开了世间的烦恼，从此变成了一个快乐的人。"

"我爸爸三十多岁就开始创业，五十岁时也是一个大老板了。他车祸去世前几天，正为公司少了一笔20万元的账而烦恼。那天，他把会计的账本拿出来瞧，管会计的人是他的合伙人，因为这一笔账去路不明，他开始怀疑两个人多年来的合作是否都有被吃账本的问题。我爸爸因为这笔钱睡不着觉，睡不着就开始喝酒，有一天晚上应酬后开车回家，就发生了车祸。"

"他走了之后，我妈妈处理他的后事时发现，他的合伙人只不过把这个公司的20万元挪到一个子公司用，不久又挪回来了。没想到我爸爸为了这笔钱，烦了那么久，最终……从我爸爸身上，我得到了这一教训，不要制造烦恼，不要自找麻烦，就以最单纯的态度去应付事情本来的样子。”

叶婷在经历了失父之痛后，明白了以最单纯的态度对待每件事，这其实就是一种智慧。在生活当中，有太多令人烦恼的事情了，假如事事较真，事事敏感，精神迟早有一天会崩溃。因此，我们还不如做一个脑袋清楚嘴巴糊涂的人，只要不说、不表现出来，就给了双方一个缓和的机会。因为谁也说不清你的敏感到底是对的还是错的，这种做法能够保证“错放一万，不杀一个”，而这也是让自己快乐的终极法宝。

看得越重越容易失去

我们每个人都有很多在乎的东西，车子、房子、家人、朋友。有的时候，这种在乎构成了一种牵绊，而这种牵绊使得人有动力前行。因此，有在乎的人和物是一件好事。

但在生活中，有些人却很难控制在意的“力度”，有的人对某些人和事情太过在乎、太过看重，造成自己心灵的负累。

台湾作家林清玄曾经说过，我们拥有了太多的东西，所以害怕失去，害怕失去才是痛苦的根源，所以有了拥有，就有了负担，有了负担，就不能自在，甚至于，有时看得越重就越容易失去。

周明是一家销售公司的普通业务员，在这个岗位上，他已经尽职尽责地工作了两年。他的工作也得到了上级的认可，屡次获得内部表扬。

最近，公司领导宣布，公司决定提拔一位业务经理，而这位经理将从30多位普通业务员中选拔出来。选拔的标准很简单——凭业绩说话和领导审查。

周明得知这个消息之后非常高兴，他认为，凭自己的资质和能力，拿下业务经理的职位应该势在必得。为此，他开始一门心思地盘算着如何坐上经理的位置。

首先，当然是业务方面的事情。为了有更好的业绩，让自己出类拔萃，他开始疯狂地跑业务，连周末都不放过，一个月下来，他的业务量果然排在了第一位。

接着，他决定从外围入手，让身边的同事支持自己。为此，他从自己的工资和奖金中拿出很大的一部分，请公司里的同事特别是新入职的同事们吃饭，争取他们的支持。

最后，他担心自己在领导那里过不了关，又开始把注意力转向了公司的领导。为此，他又多次请几个直属上级吃饭，旁敲侧击地打听一些消息。每次别人都告诉他，“你的希望最大，不用担心”。

三个月过去了，大家的总成绩也都出来了。周明满以为自己这次是坐定了经理的位置。没想到，在答案公布的那一天，他却彻底惊呆了。尽管他业绩拿了第二，获得了三个选拔名额之一。但最后却被上级无情地打了回来。

上面的说法也很简单：我们无论是招业务员还是业务经理，一个最基本的标准就是他的业绩和工作态度。周明业绩固然不差，他本来可以做得更好，但他花太多心思在升职上面，耽误了自己的工作。

剧情反转，令人唏嘘。周明将经理的这个职位看得如此重要，可最后却让自己所有的努力付诸东流。因为太在乎，所以他才更容易失去。

现在有很多家长为自己的小孩操碎了心，含在嘴里怕花了，捧在手上怕飞了，他们可能是不想让孩子吃一丁点苦。但是，这些小孩长大离开父母之后可能就无法像其他人那样独立自主地生活，到最后，吃苦的还是孩子。这时，家长所在乎的“庇护”在孩子那里。其实，已经成为了一种危害。

因此，我们要劝慰自己，放下人生之中的一些包袱。我们没有必要将事事都看得那么重要，也没有必要让自己深陷其中。因为看得越重反而越容易失去，而失去之后的痛苦更是摧心剖肝。

放下人生中无谓的包袱，需要我们以积极与豁达的胸怀应对生活。现代诗人、散文家徐志摩先生说：“得之，我幸；不得，我命。”这就是一种处世情怀。作为出家人，布袋和尚四海为家，只背着一只化缘用的布袋。这只布袋，他走到哪里，带到哪里，从不离身。“行也布袋，坐也布袋。”反映出他胸怀豁达、坦然自若，无忧无虑，无牵无挂，安贫乐道的生活状态，因此他活得十分快乐。其实，一个人活在世上，只要清心寡欲、安守自心，就能知足常乐，潇洒自在。而同时，放下无谓的包袱也需要我们拥有一份知足常乐的心态。

人有生老病死，有七情六欲，少不了与愤怒、悲伤、痛苦打交道，是牢牢记住这些情绪呢？还是及时释然呢？这就取决于我们自己的心态。有些东西失去就失去了，何必太过纠结呢？失去了日子照样过，离了它地球同样还是会转。

有人总结出，人生有两样最重要的事：一是懂得储粮，随时去储备人生智慧的粮食，为人生之旅做准备；二是懂得放手，随时放下人生无谓的包袱，并随时转进不同的人生之旅，而且可以享受当下的人生光景，不要为一件事一个人而负累终生。

储粮即开始一段旅程之前所做的准备。有健康的身体，以适应不同的环境；有生活的常识，以自理生活起居；有足够的知识，以了解旅程中的风土人情；要有必要的专业知识，以提供服务赚取自己旅途上的花费。

懂得储粮还不够，我们还要懂得放下。生活中总有些不如意的事，不开心的经历，各种各样的欲望，永不能满足的需求。它们让我们失去兴致去欣赏眼前的风景，故此，不重要的事，不值得挂心的事，与人无谓的争执，过眼云烟的名利……都要学会放下，我们的身心用来领略这个世界的美好，人生才会充实和惬意。

所以，一个智慧的人也一定是一个懂得看淡一切的人。而一个能够看淡一切得失的人，就如同范仲淹所说的“不以物喜，不以己悲”，他将得到内心的平静和心灵的富足。

向着阳光，积极行动

在电视剧《铁齿铜牙纪晓岚》中，我们经常会看见大学士纪晓岚和奸臣和珅两个人斗嘴拼智的有趣场面。很多不熟悉历史的人或许都觉得，奸臣和珅之所以能成为皇帝身边的大红人，深受皇帝的喜爱，一定是因为他擅长在皇帝跟前拍马屁，说些天花乱坠的奉承话。

其实不然，和珅的幸运受宠，很大程度上是因为他总能绞尽脑汁，想尽一切办法去为皇帝排忧解难，解决皇帝在生活上面临的许多困境。

给大家讲一个小故事吧。有一天，乾隆皇帝感觉有点疲惫，正打算午睡一会，可让他郁闷的是，外面树上的知了一直在叫个不停，扰的他无法入睡。此时，和珅并没有傻乎乎地在皇帝面前，跟着他一起抱怨外面树上知了的聒噪，而是努力地想办法，怎样才能把知了赶走，让皇帝能睡个安静的午觉，最终讨得皇帝的欢心。

和珅先是尝试着拿长竹竿去扑打树上的知了，但始终没有多大的成效。后来，他灵机一动，突然想起现在小孩子玩的“粘知了”的游戏，于是就亲自拿起杆子去粘知了，还动员身边小太监也帮着他一起粘。

就这样，没过多长时间，外面树上的知了全部被和珅他们粘光了，皇帝也因此更加宠幸和珅，觉得他做的事情非常投自己的心。

尽管和珅是历史上的大贪官，不能成为人的榜样。但在电视剧中，王刚饰演的和珅有时却是十分可爱。他很乐观、很开朗，有着超强的执行力，确实是他所获得的龙宠逐渐优渥的良方。因此，对于那些深陷困境，只懂得停留在过往的阴影中，满嘴抱怨之词的人来说，不妨学习一下和珅面对烦心事，积极行动，努力寻求问题解决之道的正面态度和务实精神。

其实，阴影和阳光几乎都是我们自主选择的结果，为什么这么说呢?

容易陷入阴影的人都有着这样的共性：当他们发现事情的发展不如自己的预期时，往往犹如五雷轰顶，顿时失去了维持自己生命力的有力支柱，最后在悲伤的哭泣中被负面情绪绑架，再也没有多余的力气和心情去解决当下所面临的问题。

而阳光的人，却始终牢记相信自己的行动，正如英国浪漫主义诗人拜伦的那一句话，“行动敏捷的人，没有时间流眼泪。”当然，这句话并不是告诉我们，当遇到困难时，要把眼泪戒掉。它想要表达的意思是，与其让所剩不多的时光被眼泪淹没，还不如打起精神，想一想下一步该如何去做。

毕竟，当我们哭过之后，问题始终还停滞在原地。唯有积极行动，我们才能让自己从麻烦中走出来，奔向一个天朗气清，惠风和畅的舒心未来。

西奥多·罗斯福从小就是一个外表丑陋，并且还患有严重的气喘症的男孩，他说话总是含混不清，几乎没有人能听懂他在说些什么。然而，就是这样的一个饱受命运折磨的男孩，后来竟然成为了美国的第 26 任总统。

不少人曾好奇地问过："您成功的秘诀是什么?"罗斯福总是微笑着说道："不抱怨，多努力。"简简单单的六个字，却有着一股穿透人心的力量。

天生的缺陷并没有让罗斯福变得自怨自艾，消极悲观，反而成就了他自强不息的奋斗精神。经过长期的锻炼和学习，他不仅克服了气喘的毛病，而且还成功地拥有了一副健壮的好体魄。更让人觉得不可思议的是，以前口齿不清的他，最终通过自己的刻苦锻炼，练就了一副好口才。不仅如此，他还积极参加各种社会活动，其社交能力在短时间内更是突飞猛进。

上大学之后，他还常常利用假期，独自到洛杉矶去捕熊，到亚历山大去逐牛，到非洲去捉狮子。这些不同寻常的经历都让他变得日渐强壮和勇敢，同时更为他以后成功竞选总统奠定了坚厚的基础。

罗斯福总统身上的这种韧劲真是让人深深为之动容，在困境面前，我们也并不具备他那种积极行动，改变命运的艰苦奋斗精神。

面对如此险恶的环境，罗斯福都能勇敢地挺过去，我们为什么要轻而易举地被一点点地倒霉击垮呢?不如擦干眼泪，从摔倒的地方重新爬起来，跨过伤心失落的悲观情绪，面向阳光，积极行动，奋力斩除困扰我们前行脚步的荆棘丛，坚定地奔向自己的目标。

学会看淡名利是对自己最好的保护

孔子曾经说过："饭疏食饮水，曲肱而枕之，乐亦在其中矣。不义而富且贵，于我如浮云。"对孔子而言，名利于他如浮云。但在现实生活中，当今的我们又有几个人能够做到呢？因为名和利是那么的耀眼和诱人，凡夫俗子还很难视而不见。

2012 年，“闻名全国”的“微笑局长”杨达才被查。杨达才之所以被称为“表叔”，缘于他在多种场合都会带上价值不菲的手表。有人在微博有图有真相地爆料他每块手表的价钱，他戴过所有手表总价值在 100 万元左右。

一个局长官职的工资收入怎能佩戴如此昂贵的手表？“表叔”能够奢侈地享受高贵品，其中的手段显而易见，而表叔的爱好也让他得到了处罚。

与此同时，还有其他一些高官消息被报出，他们共同的特点都是贪得无厌，为了钱财不择手段。

其实，不只有贪官才会看重名利。在这个物质当道的世界中，名利已经成为了很多人的枷锁。人们为什么会贪图名利？这跟欲望和虚荣心有关系——当想要的太多，而得到的太少，内心难免有失落感；当把自己与他人相对比，内心难免会有压力。为了一点虚荣，于是对名利进行了狂热的追求。

当然，不可否认的是，名和利可以带给我们让人艳羡的光鲜生活，可为名和利而心累就有些病态了。电影《甲方乙方》中徐帆饰演的大明星疲于应付各种表演而宣布退出影视圈，可是当她真正脱离那个环境后，又不甘无人问津的寂寞，想再次复出。这样的人用老话讲不就是“穷折腾”吗？为了名和利如此心累真不值得。

古人云：“宠辱不惊，闲看庭前花开花落；去留无意，漫随天外云卷云舒。”可现在的人大多活得很累，不堪重负。精神越发空虚，思想异常浮躁。

波兰科学家居里夫人获得第一次诺贝尔奖之后，便辞掉了 100 多个荣誉称号，专心于研究，终于又荣获了第二次诺贝尔奖。她也是历史上少有的获得两次诺贝尔奖的科学家，但居里夫人对名利并不在意。

有一天，她的一位朋友来她家做客，看见其小女儿正在玩英国皇家学会刚刚颁发给她的一枚金质奖章，朋友大惊道："现在能得到一枚英国皇家学会的奖章是极高的荣誉，你怎么能给孩子玩呢?"居里夫人笑了笑说："我是想让孩子从小就知道，荣誉就像玩具，只能玩玩而已，绝不能永远守着它，否则就将一事无成。"大科学家居里夫人对待个人荣誉就是"名利于我如浮云"的态度。

比尔·盖茨，作为一名哈佛院校的大学生，他敢中断学业而去开拓他的操作系统天地，并向世人宣布在他离开这个世界之前将所有的财富捐给社会。如今，他从微软公司的董事长职务退出，去担任软件开发部门的负责人，他只想搞软件开发，这是他的兴趣所在。一个连续 13 年蝉联世界首富的名人，放弃了名和利，平淡地去做自己最喜欢的工作，这种对名利的看淡，超凡脱俗的雅致是"名利与我如浮云"的典范。

不论是居里夫人还是比尔·盖茨，他们越是看淡名和利，他们却更容易名利双收，被人们所称赞，美名传颂。相反，那些一生只为追求名利，只重结果无所谓过程的人，往往到最后却什么也得不到。他们在追求名利的过程中，为实现自我存在价值，不断地给自己施加压力，在名和利的"压迫"下疲倦地喘不过气来，还常常感叹：人活着就是累！却未曾想过，这一切的累都是自己给自己造成的。

由此可见，名和利于你是什么，是浮云还是动力？关键是你对名和利的态度，我们不能无视它的存在，那么请把它看淡些。我们要在积极地实现人生自我价值的过程中，把握人生的方向，切不可偏离轨道，贪慕名利，最终落个一无所有。落马的高官或是为得钱财的罪犯，都是在实践人生价值的过程中，逐渐偏离了方向，追求"不义而富且贵"，最终才发现一切都是过眼云烟，悔恨已晚！

所以，面对名和利，人要在众多的诱惑中求得洁身自爱，学会在艰辛的世事中识得人生百态，学会在凡尘中随遇而安。不应该以一种消极的目光去看待现实中的那些瑕疵，而应该以一种积极的人生态度去创造、去争取自己的理想目标。名和利可以成为我们努力的结果，但不应是我们努力的终极目标。

不要将鸡毛蒜皮的小事无限放大

生活本身就是琐碎的，柴米油盐酱醋茶组成了平凡的每一天，而这些鸡毛蒜皮的小事也构成了我们的生活。有的人在面对这些事情的时候能够泰然自若，而有的人却经常将这些鸡毛蒜皮的小事无限放大，甚至为此付出更大的代价。

师红从事教育和培训行业多年，对人的性格也有一些了解。在教育子女方面，她经常说，遇事不要着急，小事就当没事处理，大事就当小事处理。

有一次，师红正在卧房整理培训材料，突然听到厕所里女儿发出的尖锐喊声，她连忙冲过去，发现女儿垂头丧气地站在洗手台面前，像只落汤鸡一样，衣服上的水始终滴个不停。

师红又好气又心疼地问道："出什么事了？你怎么把自己弄得浑身都是水啊？"女儿指了指头顶上的喷头，生气地说道："我本来想打开水洗一下拖把，没想到打开的却是淋浴的喷头，真是倒霉透顶了，弄得我浑身湿乎乎的！"

一连大叫了好几声"我好烦"之后，女儿黑着脸对师红说："妈，你让开点，我要去换衣服！"听了她的话，师红顿时把眉毛挑得老高，这丫头，怎么这么毛躁没礼貌，明明是她自己惹的倒霉事，怎么还好意思把怒气迁到我身上？

等女儿换完衣服之后，师红立马把她叫到了书房，她显然还没从刚才的倒霉事中走出来，一张小脸皱成了一团，写满了郁闷和不悦。

“你平时就是这么处理问题的吗？遇到这么点鸡毛蒜皮的小事，就暴躁失控，一点也不冷静。”师红心平气和地问道。

“这么冷的天，喷头里的水很凉耶！”女儿压根就没有意识到自己的错误，还死鸭子嘴硬地跟师红争辩。

“那我再问你，你打开的为什么是淋浴的喷头？”师红步步紧逼，决定给女儿好好地上一堂课。

这下子，女儿词穷了，傻愣愣地站着，一言不发，神色有点后悔。

“不是你倒霉！这件事压根就是你自己不小心，你在开水之前没有检查一下，所以一不留神地打开了淋浴的喷头！”师红毫不客气地指责她做事不小心。

看着女儿默不作声的样子，师红继续严肃地说道：“遇上倒霉事并不可怕，可怕的是你在倒霉事面前，不能够冷静思考，把小事放大成了大事儿！”

“对不起，是我错了！我下次再也不这样了。”女儿还算聪慧，在师红的三言两语之下，她总算明白了话里的意思。

自从这件事之后，女儿的性情沉稳了不少，遇到一些鸡毛蒜皮的小事，她不再咋咋呼呼，怨天尤人了。看到她的默默转变，师红感到非常开心，因为，在师红看来，一个人遇事能冷静思考才是智者的表现。

英国诗人莎士比亚曾说：“谁能够在惊愕之中保持冷静，在盛怒之下保持稳定，在激愤之间保持清醒，谁才是真正的英雄。”当我们遇到鸡毛蒜皮的小事时，不妨先冷静思考，捋清脑海中纷乱的思绪，让慌乱不安的心镇定下来，最终以清醒客观的态度去面对问题，努力找出解决问题的方法，将当下的损失降到最低。

冷静思考，其实就是人们常说的“冷处理”，让矛盾钝化。遇到倒霉事，务必要先把它带给我们的困扰放在一边，尽快让自己的心情平静下来，然后积极地寻求解决之道，减少错误的发生，而不是任由自己陷入暴躁、烦闷、悲观的情绪中无力自拔。

把鸡毛蒜皮的小事放大是敏感人的“天赋”。比如一个敏感的人，在上班时遇到堵车，在车流还未前进时，他就非常着急，总是想着：“这次肯定要迟到了，迟到了扣奖金不说，领导还要批评我一顿，说不定年终奖就没有了。如果我平时在他眼里的印象不好，说不定他会找个机会把我开除了……”

其实，上班迟到是一件再小不过的事情。如果是因为特殊情况而堵车，完全可以跟领导讲清楚。一个再不通情达理的领导也不会因为一次迟到就开除自己的员工。

其实，人生本是由无数鸡毛蒜皮的小事组成的，如果我们将鸡毛蒜皮的小事放大成令人心急的大事，那么当我们真正遇上那些大事时又怎能保持冷静呢？

所以，遇事千万不要敏感，多想一想好的方面，把大事儿当小事儿看，把小事儿当没事看，这样，人才能活得更加轻松一些。

为自己而活，不要盲目取悦他人

有个名叫《地球上的星星》的电影，电影主题很特别，但似乎又那么的普通。导演通过镜头，向人们讲述了一个有读书、写字障碍的小男孩从被父母放弃而送到特殊学校学习，再到被一位独具匠心的美术老师所改变的故事。它让人们深深地明白了：每个人都是独一无二的，勇敢做自己，就是最大的幸福。

也许我们偶尔也会在和朋友开玩笑时说到“我是独一无二的”。或许，这只是我们口头上的一句小小玩笑话。但有几个人真真的去理解了这句话呢？假设你是一个学生，住在一个宿舍里，其他室友都在忙作业、忙学校所任职务的工作抑或其他我们看似必须做的事情的时候，而你却在做着一些别人看似很无聊、没有实际价值的事情。你是否真的认为你就是独一无二的呢？也许你只是在为男朋友准备一份礼物；也许你只是在装饰着自己的书桌；也许你只是在安静地看着一部电影；抑或你只是在无聊的发呆……此时此刻，你是看到室友的忙碌而不安呢？还是以一种平淡的心态做着自己感兴趣的事情呢？每个人都有自己的生活方式，我们不必去看别人的影子，而是学会去过自己的生活，为自己而活，而不是为别人而活。

湘妮是国际知名唱片公司力捧的一线创作型歌手，因为刚加入演艺圈，为不辜负自己和公司的厚望，总是全力以赴，但在发行首张唱片之后，才发现压力排山倒海地朝她席卷而来。

为了达成一年录制两张唱片的目标，宣传期时，她白天跑通告，晚上就进录音室录歌，回家后，又利用凌晨时分投入写曲创作，日复一日消耗身心的工作。再加上对歌迷和媒体评论的过度忧虑，这样庞大的工作量让她几近崩溃，但这种不负众望的压力又无处排解。在出道两年多后，她罹患了严重的忧郁症，不得不暂时离开歌坛。

在长达四年的休息中，湘妮去从事各种自己喜爱的事情，重新找回过往那个乐于创作的自己。

她说：“以前我很在意大家看待我的改变，现在我则是用自己的脚步来看待外界的变化。虽然现在的我似乎变老了一些，但是，这就是时间送给我的礼物。这份成熟的礼物，让我学会不用费劲去证明自己，只要做自己最喜欢的事，跟着自己的步伐去生活，才不会迷失原来理想的人生方向。”

因为心态的转变和放下，湘妮最近复出了。在工作上，她与唱片公司达成了共识，不需要为了争取媒体的曝光，配合炒作与唱片内容无关的新闻。她可以自由自在地唱歌，回归自我，这才是湘妮最想要的工作与生活。

在复出的记者会上，她告诉大家：“我不是焦点，也不在意任何人的眼光，我复出只为了继续做自己最爱的音乐。”

回归自我，抛开了外界的包袱，现在更真实的她，反而更受到歌迷的拥戴。

一个人如果为了成为别人眼中的自己，取悦别人，却忘了真正的自己，每天如履薄冰地生活，那么逐渐积压的压力就像颗定时的炸弹，随时都有爆炸的可能。

为自己而活就是做自己喜欢做的事情，不要处处在意他人的看法。

所以，在不伤害他人的情况下，每个人都可以以自己喜欢的方式去过一生。要做到这一点其实并不困难。

首先，重新定义自己想要的生活。

很多时候我们的不快乐是因为我们总是在迎合别人的要求，刻意地改变自己，违背内心真实的想法，甚至还佯装表面的幸福，因此我们的心才会越来越不快乐。

我们应当按照自己的真实感受去追求事物，不要把他人的喜好当成是自己的喜好。我们应该让他人了解到，什么样的生活才是我真正热爱的生活，让他们看见我们原本的样子，而不是被打磨过的样子。这样，懂我们的人也一定尊重我们的选择。

其次，要身体力行，具体实践。

我们常常把梦想藏着掖着，不让别人看到。但实际上，这些藏着掖着的梦想往往会死在萌芽状态之中。因为很多人都无法踏出实现梦想的第一步。如果我们只是“想”，而不去“做”，就算有机会也会与你擦肩而过，所以一定要“去做”。

当我们踏出第一步之后，才能继续向目标前进。尽管很多事情无法一蹴而就，但只要我们走出第一步就能发现，其实没有那么困难。很多人没有为自己而活正是因为他们从来都没有踏出过这一步。

第十章

DI SHI ZHANG

生活不必太计较，人生何必太强求

郑板桥有一句名言叫“难得糊涂”，它告诉我们一个简单的道理，太过较真的人，迟早要碰一鼻子灰。生活就是如此，我们不能左右天气，但我们能左右自己的心情，不管遇到什么困难，心转即能逢春，凡事不斤斤计较、任性强扭，我们自然会拥有稳稳的幸福。

太计较其实是在为难自己

大部分人在买东西的时候，总是喜欢和卖方砍价，希望最后能以一个比较实惠的价格买到自己心仪的物件。很多人都曾砍价成功，为此自诩为砍价高手。其实，这些都是小儿科，跟宋朝锱铢必较的苏掖比起来，我们早就被甩到八条街外去了。

据《宋稗类钞》记载，常州人苏掖，官至州县监察官，腰缠万贯的他为人十分吝啬。每次在置办田产或房产的时候，他总是不肯爽快地付足卖方应得的钱，有时候，为了少付一分钱，他时常斤斤计较，与卖方争得面红耳赤。

不仅如此，他还喜欢趁别人困窘危急之时，压低对方急于出售的房产、地产以及其他物品的价格，以此从中牟取暴利。有一次，他看上了一户破产人家的豪华别墅，于是故技重施，乘人之危，竭力压低房价，砍价过于凶狠让卖方都连连叹气。

正当他与卖方争论不休时，旁边的儿子实在是看不下去了，忍不住插话对他说道："父亲大人，您还是在价钱上多给人家一点吧！说不定将来哪一天，我们儿孙辈也会出于无奈而卖掉这座漂亮的别墅，到时候，我们也会希望别人能出一个好价钱。"苏掖听儿子这么一说，犹如醍醐灌顶，又是惊讶又是后悔，他决定今后也给别人留几分行走的余地，再也不像之前那样斤斤计较了。

其实，生活中像宋掖这种喜欢斤斤计较的人并不少见，他们买东西总要算计到几分几厘钱，生怕自己会吃亏上当，有的时候甚至还会想方设法占尽别人的便宜。如此锱铢必较之人，往往利字当头，满心满眼只看得见自己的利益得失，从来不会顾及他人。若不是宋掖的儿子懂得换位思考，将心比心，没有发人深省的那一番话，恐怕宋掖还会和破产人家砍价到底。

《菜根谭》里有这么一句话，“路径窄处，留一步与人行；滋味浓处，减三分让人尝。”我想，这句经典名言应该可以算得上是对宋掖儿子那一席话的最好注解。每一个人都没有办法保证自己一生都会走上坡路，既然日后走下坡路是在所难免的事情，何不为自己将来可能的落魄早作打算，与人往来也给对方留几分余地和薄面呢？

为人处世斤斤计较或许能给我们带来一时的好处，可是从长远来看，这种表面上看似损人利己的行为迟早会让我们输掉内心的轻松快乐，流失本就难以笼络的人心。

美国心理学家威廉曾经就是一个凡事喜欢斤斤计较的人，因此，他在 30 岁之前就害了一身病，倒霉的他成为了各大医院的常客。在 32 岁的那一年，他终于意识到了自己的斤斤计较才是身体病痛的主谋，于是，他努力让自己的心胸变得开阔起来，不再为小事纠缠多虑。

同时，他还开始追踪几百人，进行一项关于“斤斤计较者容易生病”的调查研究。通过多年以来的追踪调查和研究，他终于用铁的事实证明，凡事太过斤斤计较的人往往是不幸的代名词，有的是疾病缠身，有的是福薄的短命鬼。

在威廉调查的喜欢斤斤计较的人群中，有 90% 以上的人都患有心理疾病。为什么会出现这种情况呢？原来，喜欢斤斤计较的人总是让自己陷入对一事一物的纠缠中，在找不到完美的解决办法的情况下，又不愿意敞开自己的心扉，如此，他们的内心饱受痛苦焦虑的折磨。

爱计较的人在看待生活的时候，总是着眼于不完美之处。他们和人相处，通常是分歧不断，遇到不顺心之事，内心自然滋生出各种不满的情绪。他们心胸狭隘，处处担心，事事设防，内心总是一片灰暗。试问，又有谁愿意自找罪受，和心眼比针孔还小的人打交道呢？

人生不是一场等价交换，凡事最好不要斤斤计较，计较往往是倒霉的开始。喜欢斤斤计较的人，总是将自己和他人分别放在天秤的两端，太过于执着彼此之间一斤几两的不对等，最后只会弄得双方都不愉快。其实，人生最大的幸福，不在于得到的多，而在于索取的少。心胸豁达、宽容大度之人，才是这个世界上最有资格收获到这份幸福的智者。

没有过不去的事情，只有过不去的心情

据说，英国前任首相劳合·乔治有一个非常奇怪的习惯——随手关上身后的门。

有一天，乔治和一位好朋友在院子里散步，每当他们走过一扇门，乔治总是随手把门关上。朋友注意到这个小细节之后，觉得有点纳闷，他好奇地问道："乔治，为什么你每次都要把这些门关上呢，有什么必要啊？"

"当然有必要啊！"乔治微微一笑，又继续说道："你知道吗？我这一生都在关我身后的门，这是我必须要做的事情。每当我关上身后的门的时候，就决心把过去发生的一切都抛在脑后，不管它是辉煌的成就，还是令人懊悔的失误。只有这样，我才可以重新开始自己的美好生活！"

非常经典的一句话，"我这一生都在关我身后的门！"诚然，每一个人的骨子里都镌刻着追求完美的执着，可是人生每天都是现场直播，根本没有彩排的机会，所以难免会留下很多的错误和遗憾。很多人在错误和遗憾发生之后，不愿意关上身后的门，不愿意放下过去，宁愿背着沉重的包袱，踉踉跄跄地走在未来的路上。

然而这样做又能带给我们什么好处呢？为过往的不幸和倒霉伤感不已，一路抛洒悔恨的泪水，只会让我们白白牺牲掉眼前的美好时光，以及未来的幸福生活。仔细想想，为了一个再也回不来的过去，值得我们

赔上同样只有一次的现在和未来吗？其实这世上没有过不去的事儿，每个人心中认为难以逾越的困难，其实都是自己的心情和“想法”，也就是说，当一个人陷入悲伤，主动向悲伤“示好”的时候，他也就无法让“事儿”过去。

某大学，班上有一对热恋的情侣，他的每天都如胶似漆，形影不离。可是，这位女同学的性格非常敏感，每次他们俩为一些鸡毛蒜皮的小事吵架时，她总是态度强硬，把男同学压制得死死的。

因此，两个人虽然谈了不到一年，但中间分分合合了好多次。每当班上有人传他俩分手了，可第二天，又总能见到他们腻在一起的身影。好景不长，正当同学们以为他俩已经和好了的时候，女同学又会在QQ空间和微博上写上一些悲伤的话，譬如，“只能在这些美好的回忆里，独自咀嚼我的忧伤。”

这一次，男同学主动提出了分手，可这位女同学却死也不肯答应。她还经常拜托男同学的室友偷偷地帮她打探消息，想知道男同学是否还会回心转意。

大学毕业之后，男同学离开了这座城市，最终彻底断了和她的联系。她却始终走不出这段失败的感情，常常一个人回忆以前的生活，哀叹自己不幸的命运。当身边的朋友都在忙着工作的时候，她竟然带着极端的情绪，拿玻璃碎片割了自己的手腕……

幸好她的家人及时发现了她的自残行为，将她送去医院进行抢救，最终才挽回了一条年轻的生命。

其实，真正给这位女同学造成伤害的，并不是那位男同学以及他们之间这段失败的感情经历，而是女同学不愿意放下过去，关上身后的门的执念。这份执念，让她不愿意接受过去已经尘埃落定的错误和遗憾，宁愿以死的方式，来成全自己内心苛求的完美无缺。

俗话说得好：“因为误了第一班火车而懊恼不已的人，肯定还会错过下一班火车。”其实，一个执着于过往瑕疵的人，到最后往往是丢了芝麻，又没了西瓜。因此，放下过去，善待自己，好好地把握当下，过去的一切，不论酸甜苦辣，都作为我们脑海里最美好的回忆。

既然过去的已经过去了，趁我们在错误的迷途上走得还不是很远，赶紧调整好自己的心态，果断关上身后的门，让伤痛结疤，而后痊愈，绽放生命之美。

人言如烟散，何必太计较

田姐是一个活得随性潇洒的人。今年初春，田姐恋上了野外骑车活动，参加了乐骑队，并准备了全套的骑车装备。可由于上班时间固定，野外骑车机会有限，田姐决定上下班时间骑车，骑车找乐的同时还锻炼了身体。

但是，田姐那身行头在上班的小镇上却惹来太多惊异的眼神。学校里的一些人也经常对她提些善意的建议：“小田啊，骑车上班也太远了，从市区到镇上七十多里，车多，危险啊！”还有人半开玩笑半嘲讽似地说：“小田，你这身行头像奥特曼！”这学期，连校长都加入了劝说的队伍，每次见到田姐都要委婉地劝说几句。

田姐的姐妹中有人跟她说：“老田，要不，就别骑了，顺应民心！”田姐瞪起眼睛大声说：“凭什么啊？我骑车锻炼身体，碍着他们什么事啊？他们喜欢说就说去，我心里自有分寸。”听到这番话，有人在旁边竖起大拇指说：“田姐，向你学习！”

田姐今年40岁，从她身上看不到人到中年的懒惰和抱怨，每一天都活力四射。她有如此旺盛的精力去做自己喜欢的事，大概就是因为遵循那条生活原则：走自己的路，让别人说去吧！

通过观察，我们会发现越是在意别人的感觉，越会对自己没有信心；越在意别人怎么想，越容易使自己的观点变成严重负担。当然，了解别人的想法，那是人际互动，彼此同理，交流情谊的基本心理过程，缺乏它，人会变得刚愎自用，少一点知人的灵嗅。但如果你太介意别人的想法，就会失去伸展自我的机会，那么这个心结将成为压抑心声和破坏健康的主要因素。我们知道长期处在压抑的心态中是会产生诸多心理疾病的。在意别人的想法，会使我们失去调节能力，使我们的行为不能及时行动，而耽误很多重大事情的调节。同时在意别人的评价，往往会在别人的虚假奉承中作出错误的决定，也会在别人的大张挞伐中一败涂地。

“我这么做，别人会怎么想呢?”这是一种最普通、最常见最具破坏性的消极的心理状态。从早上起床的穿着打扮开始，脑袋里就要想着别人的想法，工作中的所有表现，也要考虑自己这样做，别人会怎么看等等，甚至整个人生都被这种“别人”式的想法关进牢笼里。这种“别人会怎样想”的奴隶式会伤害我们的创造力和人格，把我们原有的创造能力破坏殆尽。

除此之外，敏感之人还很在意别人的“忠告”。邻居、亲戚、同学、同事，上司、下属，差不多身边所有的人，都会热心地给人以忠告。新工作的选择、孩子上哪家学校……这些不花钱的“顾问”，其实是来帮助我们约束行为的。所以，我们要清楚地知道，给以忠告的人并不能清楚地了解我们的生活感受，如果自己都不相信自己的心，做事情没有自己的原则性，反而过分听信那些“随口一说”的忠告，就是一个成熟人的悲哀了。

所以，为了避免过分在意别人想法的超敏感神经发作，使我们成为“别人想法”的奴隶，建议从以下几点开始做起：

第一，“被别人所批评”本身就代表着你已经被别人羡慕。你生活的地位越高，甚至成为公众人物，批评你的人也会越多，被人在茶余饭后当做谈资的对象的机会也越多。

第二，选择一些不相信闲言碎语的人做朋友。你周围生活着这么一批人，这将有助于你不再对“别人的想法”过于在意，更不会恐惧。

第三，“别人”不是先知先觉的上帝，他们往往是道听途说的积极追随者。如果你活在“别人的想法”中仍然非常愉快，那么你尽管模仿邻居的生活吧。否则，你就需要自己的生活方式、做人态度。只要你的所作所为没有伤害到他人，你就可以随自己高兴，想怎么做就怎么做，这跟“别人”有什么关系？

与此同时，我们还要不断地努力完善自己，通过发奋图强使自己强大起来，从而增加自信心。只有自信才会让我们无畏他人的任何眼光。学会正确处理外界的信息，从正确认识自己开始，做最真实的自己。人言如烟散，“走自己的路，让别人说去吧！”

肯低头的人，永远不会撞到矮门

电影《东京物语》讲述了一对日本老年夫妇千里迢迢去东京探望子女，却因子女事务缠身，最后被忽略、被冷落的故事。这对老年夫妇，一共生了三个儿子两个女儿，大儿子在东京做一名普通的医生，二女儿在东京开美容院，三儿子在战场上战死了，成为寡妇的三媳妇留在了东京工作，四儿子在大阪上班，小女儿是一名小学老师，还没有出嫁，留在了家乡。

这对老年夫妇到达东京的第一天，吃晚饭的时候，大儿媳提出除了肉菜之外，再做一些生鱼片，却被大儿子拒绝了。

后来，大儿子本来打算周末带着父母到东京随便逛逛，可没想到等二老做好准备后，他却因为有紧急治疗，轻描淡写地向父母道个歉后，便急急忙忙地出门了。

二女儿这边，二女婿跟她商量，看需不需要去大哥家中问候一下岳父岳母，二女儿却满不在乎说不用去，过几天父母自会过来。二女婿过意不去，又再次问道要不要带二老出去逛逛时，二女儿却说叫他不要瞎操心，大哥自有主张。

果然，二老几天之后主动来到二女儿家，二女婿给他们买了一些名贵糕点，却被二女儿责备说："味道倒是不错，可是太贵了，其实煎饼也很好，他们也很喜欢。"女儿女婿都在忙手头上的事情，可怜这对老年夫妇，在二女儿家里干坐了好几天了，不知道该做点什么。

最后，让人意外的是，反倒是守寡的三媳妇，请了一天假，特地带两位孤独的老人在东京好好逛了一大圈。为了摆脱年迈的父母，二女儿向大儿子提议，每人出3000日元，送父母去廉价的旅馆度假泡温泉，大儿子毫不犹豫地同意了。

这只是一部分老人受到冷落情节，其实在这部影片中，像这些不周到之处有很多。然而，虽然儿女们拿冷漠和薄情的态度对待他们，但是这对老年夫妇却从来都没有抱怨过，说出的话永远是那么谦和、有礼，温和的微笑永远挂在脸上，好像内心没有任何的不满。

两位老人始终将"给你们添麻烦了！""辛苦你了！""让你们破费了！"这些话挂在嘴边，晚上，热海旅馆的人声鼎沸，两位老人被吵得睡不着时，他们的言语还是那么的温和，表情依旧那么慈祥。

"东京也玩了，热海也看了，我们回家吧。"当这句台词不急不慢地从老人的嘴里飘出来时，这种近乎溺爱的温柔摧毁了观众心底最后一道防线，眼泪潸然而下。

影片里的两位老人可以毫不夸张地说一句，就是名副其实的"谦谦君子"，面对子女们的寡情冷血，换成谁内心都有委屈和不满，但正因为慈爱和温柔，知足和示弱，他们才心甘情愿默默咽掉这些不为人知的苦涩和落寞。他们低下了老人高高在上的头颅，才没让自己碰得鼻青脸肿。

假如他们性格刚烈，一定不会任由他人随便摆布，对于子女们的招待不周，他们会怒目相向，破口大骂势利冷漠的子女们：“你们这群自私自利的白眼狼，我们怎么会生出这么不孝的儿女呢!”

尽管面对这样的待遇，两位老人有资格指责他们，但这种以硬碰硬的做法，无非只能让局面更加糟糕。子女们本来就不招待他们，这样做必然会让他们更反感。当然，两位老人也确实没有这么去做，从始至终他们都在用自己的温柔来应对子女们的敷衍、不满和抱怨。由于二老的明事理，解人意的做法，子女才没有彻底撕破脸皮，恪守人伦，极尽孝道虽谈不上，场面功夫倒是做足了，表面上的和谐还算维持住了。

生命就像一条奔腾向前的大河，不是永远都直线流淌，曲曲折折也是它的一部分。做人也是如此，学会示弱，适当收敛锋芒，遇事能屈能伸，弹性处事才是王道。如果为人处世过于死板、倔强和刚强，只会得罪别人，伤害自己。

有人认为示弱是一种懦弱无能的表现，其实恰恰相反，在不同的情况下，它是豁达、圆融和弹性的智慧象征。在人际往来中，一个懂的适时示弱的人，更能包容他人的观念和想法，这样的人，很少会与人发生冲突和碰撞，因为他的大度、宽容，紧张的局面迎刃而解，从而化敌为友，还能收获良好的人际关系。

正如影片中的两位老人一样，他们像弹簧一样，在受到冷漠的压迫时，懂得收缩自己，其实是在以一种圆滑巧妙的姿态保全自己。他们宁愿委屈自己，也要维持在儿女心目中的美好印象，正是这种退步和低头，血脉之情才得以延续不息。

固然，为人处世要保留一定的刚直和骨气，可随着阅历的增长，当我们开始学着理解和容忍他人时，是非的标准开始变得模糊了。这个过程，我们就好比一只吃进了沙子的河蚌，尽管如鲠在喉，只要坚持不懈地用分泌物来消化它，包容它，幸运的话，还会因此收获一颗璀璨夺目的美丽珍珠。

有着“石油大王”之称的哈默，年轻时曾拜访过一位睿智豁达的老前辈，那个时候，他年轻气盛，目空一物，走路总是抬头挺胸，大步向前，一副踌躇满志的样子。一进老前辈家中的门，他的头就狠狠地撞在了门框上，哈默这才发现，这个门框要比自己矮上一大截。

当他用手轻揉自己受伤的脑门时，出门迎接他的老前辈见状大笑起来：“怎么样，很疼吧！不过，我相信这将是你今天拜访我的最大收获！”

哈默听了这话有些不解，老前辈语重心长地解释道：“一个人若想干出一番事业，必须时刻谨记：该低头时就低头，这就是我想告诉你的。”

老前辈的话让哈默备受启发，从此，在人际交往中，他始终牢记这一准则，并从中受益良多，对他以后的成就起着重要的作用。

俗话说，人生不如意之事，十之八九。倘若我们不懂得示弱、退让、容忍和妥协，那我们只能像刀剑一般，虽然锋利，尖锐无比，却终究是容易被折断。因此，做人最理想的状态是在刚直里加点“软和剂”，就像韩信那样，柔竹能敌强风，必要时候亦忍得了“胯下之辱”。

放弃是另一种的拥有

在功利主义下，人一生的目标很简单，那就是不停地拥有。人的天性是趋利避害的，而“拥有”在很多人眼中就是一种利好，而放弃在很多人眼中则是一种不好的“害”。

但有多少人想过，坚持不放弃难道就是拥有吗？

我们都知道塞翁失马的故事，塞翁在每一次失去时都表现得无所谓，在每一次的意外收获时都表现得很谨慎。一匹马跑到家中来，他并没有很开心，在他眼里，这并不是什么值得庆贺的事。后来，他的儿子骑马摔断了腿，他也没有过多地伤心，而是说“谁能保证这就一定是坏事呢?”果然，后来官府征兵，他的儿子因为腿上不灵光就免去了征役，而参加那场战争的年轻人却多数埋骨他乡。

拥有不为所动，失去也不为所动。这是塞翁的智慧。

很多时候，放弃并不代表我们就彻底失去了控制权。就如塞翁一般，对得失淡然处之，就不会有太多的人生波澜。而且，在很多时候，放弃还意味着另一种拥有。

一位农民住在深山当中，某天，一位外地来的商贩给了他十颗不起眼的种子，说是可以结出一种很好吃也很贵的水果——苹果。

农民听商人这么说非常高兴，他连忙将这种子收好。同时他还想，既然苹果这么值钱，那么会不会有人来偷呢？于是，他特地选择了一块偏僻的林地，将这来之不易的种子洒进了这块土地里。经过两年多的辛苦培育，种子长成了一颗颗茁壮的果树，并硕果累累。

秋收之际，农民背着筐气喘吁吁地爬上了山顶，却被眼前的景象惊呆了，他发现，那一片红灿灿的苹果都被山中的飞鸟和野兽糟蹋了个精光，满地都是苹果的残核。想到这几年的辛苦劳作，和热切盼望，他不禁大哭起来。他的致富梦，也就这样破灭了。他为了不错失发财和机会，把果子种在山野中，竟然为此失去了所有的果子。

在之后的岁月里，农民一直都很懊恼，他不甘心自己的劳动果实就这样被糟蹋了。后来，他的妻子劝慰他，这种子本来就是别人送给你的，现在上天把他收走了，你又何必苦恼呢?

农民经过妻子的开导心里也舒服了一些，于是又开始了种田的生活。

不知不觉间，日子向前走了几年。有一天，他偶然间又来到了这片山野，突然愣住了，因为在他的面前，出现了一大片茂盛的苹果树，上面结满了累累的果实。这会是谁种的呢？他思索了好一会儿，才发现了一个出乎意料之外的答案。

原来，就在几年前，当那些飞鸟与野兽们吃完苹果后，就将果核吐在旁边，经过几年来的生长，果核里的种子，慢慢发芽生长，终于长成了一片更加广阔的苹果林。后来，这位老农再也不用为生活发愁了，这片林子中的苹果，足可以让他过上温饱的生活。

试想，如果当年那些飞鸟与野兽们，没有来吃这小片苹果树，那么就没有后来这一大片的苹果林了。

从这个故事中我们可以看出，有时候，放弃是另一种拥有，放弃是为了更好地选择得到，在放弃中进行新一轮进取，你所得到的比失去的更可贵。

在我们的生活中，一扇门如果关上了，必定有另一扇门打开。失去了这种东西，必然会在其他地方有所收获。弗朗西丝·梅斯在《托斯卡纳艳阳下》里说过，为了自己想过的生活，勇于放弃一些东西。这个世界没有公正之处，你也永远得不到两全之计。若要自由，就得牺牲安全；若要闲散，就不能获得别人评价中的成就；若要愉悦，就无需计较身边人给予的态度；若要前行，就得离开你现在停留的地方。

可有些人却总是不明白这个道理，总是烦恼不已，心情不好，这些都是因为控制欲太强，太过执着，总是不愿放弃手中的任何拥有，以至老让自己想不开、放不下，纠结在痛苦之中。

过于执着于“拥有”还会错过更多的风景。当一个人过于专注地抓紧某件事或东西时，必定会把精力和目光更多地集中在它们身上。那么在你的眼中和心中就不会看到和发现其他的风景。由于你死盯着那件事不放，会把自己的思维固定在不变的空间里，在别人看来就是在钻牛角尖，认死理，不善变通。而同时，你因看不到其他事物就无法辩证地分辨出哪件事或人才是最适合你的。

有些人不经历惨痛的代价，他不会放手；有些人即使痛到骨子里，仍旧执迷不悟。为什么出家人总能看透世事，活得洒脱？因为他们懂得顺其自然的道理。

人最大的对手从来不是别人，而是自己。无论是在运动场上，还是人生的漫漫长路中，每个人终归要跟自己比赛，挑战自己、战胜自己，然后超越自己。放弃和拥有其实就是自己跟自己的一场博弈，放手还是抓紧，完全取决于一个人自己的决定和心态。总有一天你会明白，放弃并不是投降，而是一种智慧的选择，是一种心态的洒脱。有时，放开手之后，整个世界会豁然开朗。

相濡以沫才是真爱，珍惜眼前那个人

我们都在《格林童话》里读过王子吻醒睡美人的故事，觉得爱情是那么美好，有着梦幻般的色彩。童话故事总是以“王子和公主从此过着幸福的生活”结局，而在现实生活里，婚恋的幸福往往像那在夜空中绽放的烟火，虽有着夺目绚丽的光彩，却只拥有昙花一现的瞬间。

沉醉在爱情中的人儿常常吟唱着“死生契阔，与子成说。执子之手，与子偕老”的誓言，很多人都想和自己的另一半白头偕老，天长地久。可事与愿违，爱情就像泥鳅一样狡猾，稍不留神，总能从我们的指缝间偷偷溜走，带给我们无尽的叹息和忧愁。

在爱情里受过伤的人，大多数不是没有一颗“爱人”的心，而是不懂得怎么去“爱人”。平时，我们习惯将爱情放在口袋里，以为高喊几句“山无棱，天地合，乃敢与君绝。”就能长相厮守，殊不知，放在口袋里的爱情也要食人间烟火。要想从爱情中收获幸福，我们就必须把爱情置于空气中，阳光下，把它当做一颗小树苗，按时给它浇水，适当地为它施肥，悉心照料，全心呵护。如此，假以时日，爱情才能成长为一棵参天大树，结出丰硕甜蜜的果实，供我们品尝。

匪匪在《时有女子》里写过这样一句话："我一生渴望被人收藏好，妥善安放，细心保存。免我惊，免我苦，免我四下流离，免我无枝可依。"其实，这样的爱情观念显得太过于被动，并不可取。要想在婚恋中获得幸福，主动权还掌握在我们自己手里，懂得经营，才能让爱情之花永开不败。

小时候，王韩的父母老是为了一些生活琐事吵个不停，有时候，甚至大打出手。王韩曾无数次目睹，在父母大吵大闹之后，妈妈总是躺在床上，对着墙壁暗自垂泪，爸爸总是蹙着眉头，像一头困兽一样，在房间里走来走去。每次吵架过后，总会有一个漫长的冷战期，日子照过，但是彼此都不愿意主动和对方搭话，仿佛谁往前迈进一步，谁就是理亏之人。

就这样，他们吵吵闹闹过了好几十年，王韩也在他们争执打闹的夹缝中艰难地长大成人。突然有一天，王韩惊奇地发现他俩不再吵架了，妈妈说话不再盛气凌人，爸爸做事不再拖拖拉拉。两个人相处和和气气，相敬如宾，再也没有因为一点鸡毛蒜皮的小事红过脸。

这实在是太神奇了！出于好奇，在上大学的时候，王韩瞒着爸爸，偷偷地问妈妈："老妈，你和爸爸的感情怎么突然变得那么好了？我都好久没听到过你的'河东狮吼'啦！"

妈妈见王韩这么打趣她，眼睛一瞪，轻轻地拧了一下他的胳膊，没好气地说道："死小子，就知道编排你娘！什么'河东狮吼'？你也太夸张了点吧！"

王韩"噗嗤"一声笑了出来，拽着她的手追问道："你告诉我咯，你和爸爸两个人怎么突然就这么和气了？"

妈妈见他死缠烂打，只好什么都招了，她略带感慨地答道："我和你爸爸吵了几十年，婚姻质量是一年不如一年，两个人都觉得很疲惫。最近晚上看了一部电视剧《金婚》，我们俩才恍然大悟，原来婚姻也是要靠经营的。大吵大闹根本解决不了问题，要想把日子过得舒服快乐一些，两个人相处还是和气一点比较好。我跟你爸爸一起二十多年过来了，这中间我们都吃了不少苦，也互相扶持过，谁也没喊苦喊累的，我觉得跟他吵架有点对不住他了。”

这是王韩第一次从妈妈的口中听到那么富有哲理的话，她强势了几十年，自己的婚姻生活始终不尽如人意。没想到，一部电视剧竟然改变了她和爸爸固有的相处模式，他们终于懂得婚姻也需要经营。妈妈重新装饰上了女性特有的温柔和顺，爸爸重拾了男人的责任心，做事越发干练利落，两个人始终和和气气地相处，不再为一些小事吵架，以免伤了彼此的脸面和感情。

其实，当婚恋双方真正将爱情和婚姻看做是一项伟大的事业的时候，两个人自然会想要去好好经营它，让婚姻在彼此的经营中茁壮成长。而在经营的过程中，难免会遇到各种各样的难题，这个时候，大家就不会想着去埋怨对方，把问题归罪在一个人身上，只要努力去找出解决问题的办法，爱情和婚姻就能长久地继续下去，光彩永驻。

所以，我们不必再去羡慕他人感情的天长地久，也不必再去感叹自己感情的支离破碎，我们要做的唯有“怜取眼前人”，像经营自己的事业一样去经营自己的爱情，让它能平稳地度过一切风风雨雨，顺利抵达幸福快乐的彼岸。

爱情无望时，学会放手

前不久，张亚有一个朋友在失恋之后，立马就把自己的 QQ 签名“真爱就要坚持，绝不放手!”改成了“谈恋爱就像拉橡皮筋，受伤的总是不愿放手的那一个。”

张亚看见之后，觉得非常的意外，因为在她的印象中，好朋友小凌一直就是一个非常坚强勇敢的女孩。不管是工作、生活还是感情，小凌都是一个相当有韧性的人，从不轻言放弃，像骄阳一样，浑身充满着斗志和活力。

可不知道为什么，这一次她却选择了放弃？于是，张亚迅速地给她打了一个电话，“小凌，你还好吧？我看见你的QQ签名了，有什么心事你一定要告诉我哦！”

面对张亚稍显急切的关心，小凌在电话那头轻轻地笑了一下，缓缓地对她说道：“你不要急啦，我没出什么大事，不就是分手了嘛，没什么大不了的！”

“可是你之前从不轻言放弃的啊？”张亚眉头一皱，心里还是有些许的担心。

此时，电话那头的小凌突然沉默了下来，正当张亚想要再次开口说话的时候，电话里又传来她充满力量的声音，“以前，我也觉得爱一个人就要坚持，绝对不能放手。可是，这次情况真的不一样了，他已经爱上了别人，我再坚持也是徒劳。还不如放手，成全他和那个女人之间的爱情，也让自己从一段无望的感情泥沼中走出来，获得新生！”

听了小凌的这番感慨，张亚终于卸下了心里的那颗大石头。她相信，小凌既然能够把这次的分手看得那么透彻，那么一定能很快地走出这段感情的阴影，在下一个转口处，重新遇见属于自己的美丽爱情。

“永不言弃”自古以来就被人奉为圭臬，很多人曾在夸父追日、愚公移山的故事中领略到了坚持执着的人生智慧。可是有时候，过分执着并不是一件什么特别美好的事儿。世界上，有多少人曾因为过分执着于一份没有结果的爱情，像飞蛾扑火那样换来遍体鳞伤。我们总以为所有的爱情都会开花结果，我们总是一厢情愿地认为“金诚所致，金石为开”，即便爱情已经走远，只要我们永不言弃绝不放手，它就一定会为我们停留。

其实爱情一旦生出了想要逃离的翅膀，不管我们怎么去尽情地挽留，抛洒出多少不舍的泪水，它都将如黄鹤一般，一去不复返，空留我们在一旁落寞叹息。俗话说得好："强扭的瓜不甜。"爱情不会因为我们掏心掏肺地付出就回赠我们满钵的幸福。当对方不再在乎我们，当对方对我们的倾心付出不再抱有任何的感觉，这段感情就已经走到了尽头。面对这一份无望的爱，我们唯有放手让它随风而去，才能保住昔日美好的回忆，开启来日幸福的大门。

正如张亚的朋友小凌那般，当爱已成往事，不如学会放手，成全别人，也让自己获得新生。或许，放弃一份爱会让我们难过伤心很长一段时间，可随着时间的流逝，我们的伤痛总会慢慢痊愈，同时，还会有机会遇见对的人。倘若我们在爱情已经悄然远离的时候，还苦苦纠缠，执着于一份虚无缥缈没有未来的感情，那么我们的余生都将被自己的执念逼到毫无生机的绝境，无法自拔，痛苦不堪。

其实，当爱不能圆满时，放手就是自救。《卧虎藏龙》里有一句非常经典的台词，"当你紧握双手，里面什么也没有，当你打开双手，世界就在你手中。"由此可见，有失必有得，换个角度看看，放弃无非是为了更好的拥有。懂得放手的人，才有机会看见狂风暴雨过后横挂天际的美丽彩虹，才能在山重水复之后，拥有柳暗花明的人生。

在爱情的世界里，爱一个人不一定非要和他厮守在一起。面对爱情，我们都是秉持着"你快乐，所以我快乐"的心意，如果放手能让对方更快乐，我们还不如潇洒一点，转身离开，给他自由，让昔日的美好沉淀在彼此的心间，大家各自再去寻找属于自己的幸福。

希望每一个在无望的爱情中挣扎沉沦的人，都能够像小凌那样，勇敢果断地丢掉那根爱情的橡皮筋，不要再让自己承受因过分执着带来的伤痛。要始终坚信，上帝虽然为我们关上了一扇门，但是肯定会在别处为我们打开一扇窗。

够得着的美好，才是稳稳的幸福

美国哈佛大学生化博士斯特凡曾调查了 37 种不同文化氛围中生活的 5000 对夫妇，并对他们进行了医学测试，结果令人惊讶，男女双方只需要 18～30 个月的时间就能从相识，到约会，最后甚至结婚和生子。

在斯特凡看来，爱情不过就是大脑中的一种“化学鸡尾酒”，它是由化学物质多巴胺、苯乙胺和后叶催产素促成的，大概经历两年左右的时间，“化学鸡尾酒”就会失效。之后，恋爱双方有两条路可以选择，第一接受感情的平淡，继续携手共度余生，第二形同陌路，分道扬镳，大家再去寻找各自的“鸡尾酒”。

可是，我们每一个人对于爱情和婚姻，内心始终渴望着激情和浪漫。在热恋的时候，我们每天都会对情人说“我爱你”，每天都会想方设法给对方制造浪漫和惊喜。这时候的爱情就像漂浮在我们头顶上方的一根羽毛，我们拼命地向它吹气，希望它能在空中一直悠悠然地飘着，保持着浪漫梦幻的姿态，永远不要坠落到地上。

我们终究是要回归到现实生活中，没有谁能分分秒秒都仰起头，吹着空中的那根羽毛。这是一个美丽的梦想，激情和浪漫总有疲倦退场的那一天，好比王家卫的电影《重庆森林》里所说的“不知道从什么时候开始，在什么东西上面都有个日期，方便面会过期，新闻会过期，连保鲜纸都会过期。在这个世界上，还有什么东西是不会过期的?”爱情也有属于它自己的保鲜期，斯特凡博士的研究已经为我们找到了答案。对于大部分人来说，爱情的保鲜期一般都只有 18～30 个月。

也许这就是爱情的宿命。所有的海誓山盟、激情澎湃、浪漫缱绻，都会随着我们的马拉松式爱情长跑趋于平淡，爱情潜移默化变成了亲情。

记得刚结婚的时候，宁还像一个恋爱中的小女孩一样，每天都期待着婚后生活的浪漫甜蜜。渴望老公每天上班前都会在她的耳畔轻声呢喃“宝宝，我爱你!”渴望在情人节的那天，老公会像变魔术一样从背后掏出一大把玫瑰，把它塞进她的怀里；渴望她过生日的时候，老公会牵着她的手带她去一家充满情调的餐厅，吃着美味的佳肴，品着馥郁的红酒……

然而，宁的浪漫憧憬生活被琐碎和平淡一次又一次击溃了。现实生活里，老公为了多挣点钱，总是早出晚归，没有时间对她说“我爱你”；情人节的时候，老公还在外地出差，没有办法突然出现在她面前，送给我一束娇艳动人的玫瑰花；而她过生日的时候，老公即便安稳地坐在她的身边，他也未必还记得今天是她的生日。

因为如白开水般平淡的婚姻，宁曾经无数次地向老公埋怨怄气过，她不相信这是真正的婚姻。直到有一天，老公平静地跟她讲了一个故事，她才慢慢地心平气和起来。

有一天，女孩不甘心生活的平淡无味，终于鼓起勇气对男孩说道：“我们分手吧!”

男孩慌了，忙问：“为什么?”

女孩淡淡地说道：“厌倦了，这不是我想要的生活。”

听完女孩的话后，一个晚上，男孩都只默默地坐在沙发上抽烟，没有任何的回应。女孩见男孩闷不吭声，心也越来越凉，心想：“连一句挽留的话都没有，这种男人又能给我带来什么幸福呢?”

沉默了好久，男孩最后终于问道：“告诉我，我要怎么做才能留住你?”

女孩说道：“回答我一个问题，只要你的答案让我满意了，我就愿意留在你的身边。假如，我非常喜欢悬崖上的一朵花，而你去摘的结果是百分之百的死亡，你还会不会把它摘给我?”

男孩仔细思考了一下，温柔地说道：“明天早上我再告诉你答案，好吗?”

早晨醒后，女孩穿着睡衣走到客厅，她发现温热的牛奶杯子下压着一张纸，上面是男孩俊秀有力的笔迹。

只看到第一行时，她的心犹如被人灌了一桶冷水，凉飕飕的。

“亲爱的，我的答案是不会去摘。但请容许我陈述不去摘的理由。你只会用电脑打字，却总把程序弄得一塌糊涂，然后对着键盘哭，我要留着手指给你整理程序；你出门总是忘记带钥匙，我要留着双脚跑回来给你开门；喜欢到处晃悠的你在自己的城市里都常常迷路，我要留着眼睛给你带路；你不爱出门，担心你患上自闭症，我要留着嘴巴陪你聊天；你总是盯着电脑，健康已经磨损了一部分，我要陪你一起慢慢变老，给你修剪指甲，帮你拔掉让你郁闷的白头发，我还要拉着你的手，在海边享受美丽的阳光和沙滩。”

“最后一个理由，我坚信没有一朵花，能像你的面孔那么美丽；所以，我不舍得为摘朵花而死掉，尤其在我不能确定有人比我更爱你之前。”

看到这，女孩的眼泪已经开始泛滥了，她胡乱抹了一下自己的脸，继续往下看，“亲爱的，如果你已经看完了，答案还让你满意的话，请你开门好吗？我现在正站在门外，提着你最爱吃的肉松饼。”

此时，女孩再也抑制不住内心的感动，拉开门，像个孩子一样跳进了男孩的怀里。

故事讲完了，老公温柔地注视着宁，她早已经泣不成声了，在他温暖的怀里哭得像个干了坏事却不知所措的小姑娘。

自此，宁明白了爱情也有保鲜期，浪漫和激情并不是爱情的主心骨，平平淡淡才是真。作家三毛曾经说：“爱情如果不落实到吃饭、穿衣、数钱、睡觉这些实实在在的生活中去，是不容易长久的。”确实如此，再浓烈的爱情也会在彼此的朝夕相处中升华至温暖的亲情，渐渐地深入各自的骨髓，与我们的呼吸共存。抛开浪漫激情的外衣，只要我们细心咀嚼，最后也一定能品尝到爱情平淡中的幸福滋味。幸福不是你能左右多少，而是有多少在你左右，够得着的东西，才是稳稳的幸福！